FACULTÉ DE DROIT DE PARIS

LE CASIER JUDICIAIRE

THÈSE POUR LE DOCTORAT

Présentée et soutenue le mercredi 25 avril 1900.

PAR

Maurice VALTAU

Président : M. LÉVEILLÉ, *professeur.*
Suffragants : MM. LE POITTEVIN, *professeur.*
GARÇON, *professeur.*

PARIS
JOUVE ET BOYER
IMPRIMEURS
15, rue Racine, 15

1900

THÈSE

POUR

LE DOCTORAT

La Faculté n'entend donner aucune approbation ni improbation aux opinions émises dans les thèses ; ces opinions doivent être considérées comme propres à leurs auteurs.

FACULTÉ DE DROIT DE PARIS

LE CASIER JUDICIAIRE

THÈSE POUR LE DOCTORAT

Présentée et soutenue le mercredi 25 avril 1900.

PAR

Maurice VALTAU

Président : M. LÉVEILLÉ, *professeur.*
Suffragants : MM. LE POITTEVIN, *professeur.*
GARÇON, *professeur.*

PARIS
JOUVE ET BOYER
IMPRIMEURS
15, rue Racine, 15

1900

A MONSIEUR MATHIEU-BODET

Ancien ministre des Finances
Ancien président de l'Ordre des Avocats au Conseil d'Etat
et à la Cour de Cassation

AVANT-PROPOS

Dans notre étude sur le Casier Judiciaire, nous n'avons fait qu'esquisser le fonctionnement administratif de l'institution, pour nous attacher plus spécialement au rôle pénal et social du Casier.

Après avoir sommairement exposé les origines du casier judiciaire et les grands traits de son organisation sous le régime des circulaires ministérielles, nous avons essayé de montrer les imperfections du système établi, et de discuter impartialement les différentes théories pénales sur l'utilité du casier judiciaire, ainsi que les réformes proposées pour parer à certains inconvénients de l'institution.

Puis, nous livant à une étude détaillée de la loi du 5 août 1899, nous nous sommes efforcés de prouver l'insuffisance des réformes accomplies, et de rechercher s'il n'existait pas d'autre solution, que celle donnée par le législateur, au grave problème que soulèvent la publicité et la perpétuité des inscriptions au Casier Judiciaire.

Avant de terminer ces quelques lignes d'avant-propos nous tenons à remercier toutes les personnes qui ont eu l'amabilité de nous fournir des renseignements et documents relatifs au Casier Judiciaire, et nous ont ainsi facilité l'exécution de ce travail.

M. V.

PREMIÈRE PARTIE

LE CASIER JUDICIAIRE AVANT LA LOI DU 5 AOUT 1899

CHAPITRE I

Origines du Casier Judiciaire

La constatation des antécédents judiciaires, qui fut l'idée-mère de l'institution que nous nous proposons d'étudier, a de tout temps préoccupé les nations civilisées ; mais les applications qu'on a faites du principe ont varié avec les époques.

Pendant longtemps, le seul procédé employé pour permettre aux autorités judiciaire et administrative de reconnaître les condamnés, fut la « marque ».

La « marque » qui consistait dans l'apposition sur le corps du condamné d'un fer rouge d'une forme symbolique, était à la fois une peine infamante et une institution judiciaire destinée à fournir la preuve des condamnations encourues. Elle fut pratiquée en Grèce et plus tard à Rome (1). De là, elle passa chez les différents peuples qui puisèrent dans la civilisation latine

1. V. P. Jouvenet. *Etude sur le Casier Judiciaire* (thèse), Ch. I.

les éléments de leurs institutions juridiques. On la retrouve, avec son double caractère, dans l'Ancien Droit Français, et elle y resta longtemps le seul mode de constatation des condamnations.

Il semble que ce ne soit qu'au XVIIIe siècle qu'on ait compris, en France, l'intérêt qu'il y avait, pour la sécurité publique, et la bonne administration de la justice, à connaître exactement les antécédents judiciaires de tout individu. La première tentative faite dans cette voie remonte en effet à 1720. A cette époque, un lieutenant de police de Paris, eut le premier l'heureuse idée pour faciliter les recherches de la police, de faire dresser un registre « *des condamnations pénales ainsi que des plaintes et déclarations de vol émanées des particuliers* ». Ce registre reçut le nom de « *Journal de Paris* ». C'est là le premier document connu, où se manifeste cette idée de centralisation des antécédents judiciaires, qui devait aboutir un siècle plus tard à la création du casier judiciaire.

Le « *Journal de Paris* » se maintint jusqu'à la Révolution. A cette époque, l'institution se précisa... s'étendit : En 1790 un bureau spécial de renseignements fut créé à la Police de Paris avec mission de requérir l'inscription des décisions judiciaires (1) rendues dans le département de la Seine. Puis la loi du 19 vendé-

1. Outre les condamnations ce registre devait mentionner les acquittements et ordonnances de non-lieu.

nuaire an IV (1), étendant cette mesure à toute la France, créa « *en chaque greffe du tribunal correctionnel un bureau de renseignements chargé de tenir registre par ordre alphabétique de tous individus appelés au tribunal correctionnel ou au jury d'accusation avec une notice sommaire de leur affaire ainsi que des suites qu'elle a eues.* »

Poursuivant la même idée, le Code d'Instruction Criminelle (2) promulgué en 1808, prescrivit aux greffiers des tribunaux correctionnels et des cours d'assises, la rédaction et l'envoi aux ministères de la Justice et de la Police Générale (3) de registres contenant le relevé trimestriel des condamnations prononcées par ces tribunaux. Cette mesure avait pour but, selon l'orateur du gouvernement, de mettre à la disposition de l'autorité judiciaire « la biographie de chaque malfaiteur. »

L'idée était excellente en théorie ; mais, avec le temps, les recherches dans ces registres qui allaient sans cesse grossissant, devinrent à peu près impraticables.

C'est alors qu'un préfet de police, Henri Gisquet, eut l'ingénieuse idée de remplacer les registres de condamnations que la Préfecture de Police possédait concurremment avec le ministère de la Justice, par des bulletins individuels classés alphabétiquement. Ces

1. 11 octobre 1795.
2. Art. 600-601-602 (C. I. Cr.)
3. Aujourd'hui Ministère de l'Intérieur.

bulletins qui conservèrent le nom de « Sommiers Judiciaires » qu'on donnait aux registres, contenaient les condamnations, acquittements et ordonnances de non-lieu concernant un même individu, ainsi que l'état-civil de ce dernier. La création de ces fiches individuelles fut une heureuse innovation ; les sommiers judiciaires devinrent ainsi d'une consultation relativement facile (1). Mais très précieux comme institution policière, ils étaient insuffisants comme institution judiciaire. Ces sommiers étaient en effet très incomplets :

D'abord ils ne mentionnaient ni les condamnations prononcées par les conseils de guerre ou les tribunaux maritimes, ni les réhabilitations.

De plus, les condamnations prononcées par les tribunaux correctionnels ou les cours d'assises des départements éloignés n'y étaient pas toujours régulièrement transcrites.

Enfin cette centralisation de tous les bulletins de condamnations à la Préfecture de Police, rendait les recherches de plus en plus difficiles avec le temps, et exposait d'un seul coup tous ces précieux documents à une entière destruction (2).

Ces inconvénients du système des Sommiers Judiciai-

1. Les sommiers judiciaires sont encore régulièrement tenus à la Préfecture de Police.

2. En 1871, les Sommiers judiciaires furent en effet presque totalement détruits lors de l'incendie de la Préfecture de Police par les partisans de la Commune.

res furent signalés pour la première fois en 1848 par M. le Procureur Bonneville de Marsangy. Dans un discours (1) resté célèbre, prononcé à l'audience de rentrée du tribunal civil de Versailles, cet éminent magistrat exposa la nécessité qu'il y avait pour la bonne administration de la justice et l'application des lois pénales, de posséder un relevé exact des antécédents judiciaires de tous les citoyens. Puis montrant l'insuffisance des renseignements fournis par les Sommiers, il proposa « pour rendre aussi prompte qu'infaillible la recherche des antécédents judiciaires », leur décentralisation et leur localisation au greffe de l'arrondissement natal du condamné.

Deux ans plus tard, les idées de M. Bonneville de Marsangy recevaient la consécration officielle : M. le Garde des Sceaux Rouher, reprenant sur les instances de l'éminent magistrat, son projet de réforme, créait par la circulaire du 6 novembre 1850 « le Casier Judiciaire. »

La circulaire de 1850, bien que contenant une réglementation détaillée de la nouvelle institution, n'avait point prévu de façon satisfaisante toutes les difficultés auxquelles elle pouvait donner lieu. Aussi de nombreuses circulaires émanant surtout de la Chancellerie vinrent par la suite, modifier la circulaire de M. Rouher. Beaucoup n'offrent qu'un intérêt purement administratif ;

1. Ce discours fut prononcé le 5 novembre 1848.

aussi nous bornerons-nous à citer les plus importantes en exposant l'économie générale de l'institution.

Depuis 1850 quelques-unes de nos lois pénales (1) ont mentionné le casier judiciaire; mais aucune n'a eu pour but d'en consacrer le principe. Le casier est resté jusqu'à la loi du 5 août 1899 une institution purement administrative.

Nous ajouterons que c'est une institution essentiellement française, dont on ne retrouve le principe que beaucoup plus tard, chez les nations voisines qui nous l'ont emprunté.

1. Citons : la Loi du 14 août 1885 sur les moyens de prévenir la récidive. L. 30 octobre 1886 sur l'organisation de l'enseignement primaire. L. 4 mars 1889, sur la liquidation judiciaire, L. 15 juillet 1889, sur le recrutement. L. 26 mars 1891. L. budgétaire 26 janvier 1892.

CHAPITRE II

Economie générale du système établi par les Circulaires.

Organisation du casier d'arrondissement et du casier central.

L'idée qui servit de base à la création du casier fut la localisation des antécédents judiciaires de tout Français, au greffe du tribunal de son arrondissement natal. Dans ce but la circulaire du 6 novembre 1850 prescrivit d'établir, dans chacun de ces greffes, une armoire divisée en compartiments ou « *casiers* », correspondant chacun à une lettre de notre alphabet. Dans ces « *casiers* » (qui ont donné leur nom à l'institution), devaient être classés, également par ordre alphabétique, des bulletins individuels, constatant chacun une condamnation prononcée contre un individu né dans l'arrondissement.

Enfin, pour que la recherche des antécédents de tout individu fût plus facile, tous les bulletins de condamnation relatifs à la même personne, devaient être réunis dans une chemise portant en gros caractères le nom de cette personne. Ces bulletins, appelés bulletins n° 1, devaient être de format et de couleur identiques ; et leur rédaction permettait d'y insérer deux sortes de mentions :

1° Les unes, destinées à individualiser le titulaire du bulletin comprenaient : ses nom, prénoms et surnoms ; son âge, la date et le lieu de sa naissance ; son domicile, sa profession, son état civil et de famille, et enfin son signalement (1).

2° Les autres, destinées à préciser la décision judiciaire intervenue contre lui, indiquaient la nature, les conditions, (2) et la date de cette décision, ainsi que la juridiction qui l'avait prononcée (3).

La circulaire du 6 novembre 1850 confiait aux greffiers la rédaction de ces bulletins n° 1 et chargeait les Parquets d'assurer leur transfert au greffe de l'arrondissement natal.

Voici comment pendant cinquante ans a fonctionné l'institution : Le greffier du tribunal qui avait prononcé la décision rédigeait d'après l'acte authentique constatant cette décision, le bulletin n° 1 et l'envoyait dans la quinzaine au Procureur de la République près ce tribunal. Celui-ci après s'être assuré de la régularité

1. Depuis 1885, le *Casier Judiciaire* contient le signalement anthropométrique du condamné.

2. Par exemple, si la décision avait été prononcée par défaut ou contradictoirement, etc.

3. Les bulletins concernant un individu ayant déjà encouru une condamnation portaient la mention : Récidive.

du bulletin et l'avoir revêtu de son visa, l'adressait le jour même au Procureur Général de la Cour dont il dépendait. Le Procureur Général après avoir procédé à la vérification du bulletin l'expédiait dans la quinzaine au greffier du tribunal de l'arrondissement natal du titulaire du bulletin. Ajoutons que les procureurs de la République devaient procéder à une vérification mensuelle des casiers judiciaires déposés au greffe de leur tribunal.

On voit que le fonctionnement du Casier Judiciaire tel que l'avait institué la circulaire du 6 novembre 1850 reposait essentiellement sur la connaissance du lieu de naissance du condamné. Une question se posait donc pour les individus dont le lieu de naissance se trouvait hors de France, ou simplement inconnu : où établir pour ceux-ci le Casier Judiciaire ? Après quelques hésitations, une solution définitive fut donnée par la circulaire du 30 août 1855. Cette circulaire établit en effet à Paris au ministère de la Justice un « Casier Central » destiné à recevoir les bulletins n° 1 concernant : 1° Les étrangers ; 2° Les personnes nées aux colonies ; 3° celles dont le lieu de naissance était resté nconnu. Ce Casier Central était de tous points semblable, dans ses éléments aussi bien que dans son fonctionnement, aux Casiers d'arrondissements.

Décisions judiciaires donnant lieu à la rédaction d'un bulletin n° 1.

Les Sommiers Judiciaires étaient devenus d'une consultation difficile surtout à cause du nombre des décisions qu'ils relataient : la circulaire du 6 novembre 1850, pour simplifier l'institution, décida de ne faire figurer au Casier Judiciaire, que les décisions relativement graves, sans tenir compte des acquittements, des ordonnances de non lieu, ni même des condamnations de simple police.

Depuis, quoique le principe fut resté le même, quelques circulaires postérieures étaient venues augmenter la liste des condamnations mentionnées au Casier. Voici quelles étaient dans le dernier état du régime des circulaires les décisions judiciaires inscrites au Casier :

1° Les arrêts contradictoires ou par coutumace rendus par les Cours d'Assises.

2° Les condamnations correctionnelles (sauf celles à l'amende prononcées à la requête des administrations publiques) (1).

3° Les condamnations prononcées par le Sénat constitué en Haute Cour de justice.

1. Cir. ch. 30 déc. 1850. 30 oct. 1856. 28 nov. 1874. Malgré cette exception les délits de pêche ou de chasse ont toujours été portés au C. J.

2 .Cir. Ch. 8 décembre 1868.

4° Les jugements acquittant un mineur de 16 ans comme ayant agi sans discernement (art. 66, C. P.).

5° Les condamnations prononcées avec sursis (loi du 26 mars 1891).

6° Les condamnations prononcées par les tribunaux militaires ou maritimes.

7° Les jugements ou arrêts de faillite ou de liquidation judiciaire (1).

8° Les décisions disciplinaires entraînant des incapacités quelle que fût la juridiction qui les avait prononcées.

9° Les arrêtés d'expulsion pris contre les étrangers (2).

10° Les réhabilitations criminelles, correctionnelles et commerciales.

11° Les amnisties (3).

Mais pour que toutes ces décisions judiciaires fussent portées au casier judiciaire il fallait qu'elles soient « *définitives* ».

On sait que les jugements deviennent définitifs par l'expiration des délais d'appel et d'opposition. Or il existe un cas où les délais d'opposition peuvent être très longs : c'est celui prévu par l'art. 184 du Code

1. Cir. Ch. 6 nov. 1850, 6 avril 1889.

2. *Circ. ch*, 20 décembre 1857 et 4 décembre 1879.

3. *Circ. ch.*, 10 juillet 1878. Il est à noter que d'après cette circ. le bulletin relatant une amnistie doit être classé aux archives ainsi que le bulletin constatant la condamnation amnistiée.

d'Instruction Criminelle modifié par la loi du 27 juin 1886 : En effet, en vertu de cet article, lorsqu'un jugement par défaut n'a pas été signifié à personne (à moins qu'il ne résulte d'actes d'exécution que le condamné a eu connaissance du jugement) le condamné peut former opposition jusqu'à l'expiration des délais de prescription de la peine.

Une circulaire du 8 décembre 1868 était venue régler cette hypothèse : elle décidait qu'en pareil cas quoique la condamnation ne fût pas définitive, un bulletin devait en être dressé cinq jours après la signification du jugement ou de l'arrêt, faite à domicile. Si dans la suite, après opposition, il intervenait un acquittement, le bulletin constatant la condamnation par défaut devait être détruit.

Les duplicata des bulletins n° 1.

Nous avons examiné les décisions judiciaires qui donnaient lieu à la rédaction des bulletins n° 1. Il existait aussi des cas, où ces condamnations motivaient la rédaction d'un duplicata du bulletin n° 1, destiné à créer un casier spécial.

Ces duplicata devaient être dressés pour tout bulletin n° 1 constatant :

1° Une condamnation prononcée contre un étranger,

originaire d'un pays avec lequel a lieu l'échange des bulletins (1).

2° Une condamnation contre un individu originaire des colonies françaises. (Ce duplicata était alors envoyé par l'intermédiaire du Garde des Sceaux au lieu d'origine du condamné).

3° Un jugement entraînant la privation des droits politiques (2). (Ce 2° bulletin servait alors à constituer un casier électoral à la sous-préfecture du lieu de naissance du condamné).

4° Un jugement prononcé contre un individu faisant partie des armées de terre ou de mer (3), et susceptible de modifier la situation du condamné au point de vue du service militaire. (Le duplicata servait dans ce cas à constituer le casier de recrutement ou le casier de la marine).

Puisque nous avons été amenés à parler incidemment des casiers spéciaux, nous ajouterons qu'il existe un casier spécial qui n'est pas formé par les duplicata des bulletins n° 1 du Casier Judiciaire. C'est le « Casier de l'ivresse » créé en 1874 pour assurer l'application

1. Comme nous l'avons déjà dit plusieurs pays nous ont emprunté l'institution du Casier Judiciaire. Plusieurs aussi ont passé avec nous des traités pour l'échange des bulletins du C. J. Nous reviendrons d'ailleurs sur cette question en étudiant la loi du 5 août 1899.

2. Circ. du 18 déc. 1874.

3. Il n'y avait pas à distinguer si l'individu faisait partie de l'armée active, de la réserve ou de l'armée territoriale.

de la « loi du 23 janvier 1873 sur l'ivresse publique ». Ce Casier destiné à prouver la récidive en matière d'ivresse publique, mentionne en effet des condamnations de simple police, ne figurant pas par conséquent au Casier Judiciaire.

Les extraits du Casier Judiciaire.

Les bulletins n° 1 du Casier Judiciaire devaient, d'après la Circulaire du 6 novembre 1850, rester aux greffes où ils étaient déposés ; mais pour qu'ils puissent fournir les renseignements qu'on attendait d'eux, cette même circulaire prescrivait aux greffiers d'en délivrer des extraits sur le visa du Procureur de la République. Ces extraits, appelés bulletins n°, 2 étaient le relevé de tous les bulletins de condamnation relatifs à un même individu. Les règles de délivrance de ces extraits furent d'abord très larges. Toute personne pouvait réclamer au Procureur de la République l'extrait du casier judiciaire d'un individu, et ce magistrat était souverain juge pour décider s'il y avait lieu ou non à la délivrance.

Mais peu à peu on comprit les dangers d'une telle publicité. Plusieurs circulaires vinrent recommander aux procureurs de ne délivrer ces extraits aux particuliers qu'après une enquête sur la légitimité de cette délivrance et enfin une circulaire de M. le Garde des Sceaux, Dufaure, en date du 6 décembre 1876, interdit aux parquets toute délivrance des extraits du Casier

Judiciaire à des particuliers autres que leurs titulaires.

Mais le Casier Judiciaire ayant pour fonction de fournir aux autorités judiciaire et administrative les antécédents des individus ayant eu quelques démêlés avec la justice, les nombreuses circulaires ministérielles qui ont complété celle de 1850, autorisèrent comme elle, la délivrance de ces extraits aux magistrats et aux administrations publiques.

Les magistrats qui d'après les dernières circulaires avaient droit à la communication des bulletins n° 2 étaient les magistrats du ministère public ; les juges d'instruction ; les présidents d'assises ; les commissaires du Gouvernement et les rapporteurs près les conseils de guerre et les tribunaux maritimes ; les présidents des tribunaux de commerce.

Les administrations publiques avaient également droit à la délivrance des bulletins n° 2; mais les demandes devaient alors être motivées et les Procureurs de la République appréciaient les cas où cette délivrance était légitime. La délivrance était toujours accordée pour les bulletins n° 2 réclamés dans les cas suivants :

1° Par les préfets ou les maires pour la révision des listes électorales, ou l'admission d'un individu dans une société de secours mutuel ;

2° Par les autorités militaires ou maritimes pour les appelés des classes et les ouvriers civils employés dans les établissements militaires ou maritimes ;

3° Par les chefs de corps, pour les militaires demandant leur admission dans la gendarmerie.

4° Par les directeurs d'écoles préparatoires militaires ou maritimes, pour les élèves voulant contracter un engagement militaire.

5° Par les proviseurs, pour les gens de service de leurs lycées.

6° Par les commissaires de l'inscription maritime, pour les inscrits.

7° Par les directeurs de manufactures de l'Etat, pour les ouvriers ou employés de ces établissements.

Les bulletins n° 2 étant la reproduction du bulletin n° 1 déposé au greffe de l'arrondissement natal ou au Casier Central mentionnaient donc en principe toutes les décisions judiciaires constituant le Casier d'un individu. Mais si cela était absolument vrai pour les extraits délivrés aux magistrats, on admit quelques restrictions pour ceux délivrés aux administrations publiques et aux particuliers. Les extraits délivrés aux administrations publiques ne mentionnaient en effet, ni les condamnations effacées par la réhabilitation, ni même les acquittements prononcés en vertu de l'article 66 du Code Pénal. Quant aux extraits réclamés par leurs titulaires, outre ces deux omissions, ils passaient encore sous silence les condamnations conditionnelles effacées par le délai de 5 ans expiré sans nouvelle condamnation à l'emprisonnement (loi du 26 mars 1891), les mesures disciplinaires prises par l'ordre de la Légion d'honneur, et les condamnations prononcées à l'étranger.

Malgré tout, on peut dire que sous le régime des circulaires, les extraits du Casier Judiciaire révélaient exactement la situation pénale de la personne qu'ils concernaient.

Dans ce rapide exposé de l'économie générale du Casier Judiciaire, outre le côté administratif de l'institution que nous avons laissé, (et que nous laisserons) en dehors du cadre de notre travail, nous avons passé sous silence bien des détails de l'organisation, ayant au point de vue pénal une certaine importance: Ce n'est là qu'une omission voulue et momentanée que nous espérons réparer lorsque nous étudierons, avec la loi du 5 août 1899, l'organisation actuelle du Casier Judiciaire.

CHAPITRE III

Utilité du Casier Judiciaire.

Le but immédiat du Casier est la constatation des antécédents judiciaires et nous avons vu avec quelle merveilleuse exactitude il atteint ce but. Il est donc assez aisé maintenant de montrer l'utilité au point de vue pénal et social d'une telle institution.

Le Casier judiciaire qui fut à ses origines une création de la police, a continué à rendre à celle-ci les plus grands services. Grâce aux renseignements exacts et détaillés qu'il fournit, il lui permet de réprimer les évasions et les ruptures de bans, ainsi que de surveiller une catégorie d'individus qui déjà engagés dans la voie du mal, renoncent difficilement à leurs anciennes habitudes. Il contribue donc dans une certaine mesure à la sécurité publique.

Mais il est surtout d'une incontestable utilité pour la bonne administration de la justice. Miroir fidèle, reflétant le passé de tout individu, le casier judiciaire est pour le magistrat chargé de l'instruction un guide précieux, qui lui permet d'apprécier d'une façon assez exacte la moralité du prévenu. Il est également utile au juge qui grâce à la connaissance des antécédents de l'accusé pourra individualiser la peine c'est-à-dire la proportionner à la perversité du délinquant.

Enfin il sert de base à l'application de certaines de nos lois pénales et de quelques lois spéciales.

Il permet en effet d'appliquer 1° aux délinquants primaires dignes d'intérêt, soit les circonstances atténuantes, soit les dispositions de faveur du 26 mars 1891. 2° aux récidivistes, les dispositions rigoureuses édictées par le Code Pénal et la loi de 1885 sur la relégation. 3° à certains condamnés les incapacités de toutes sortes prévues par le Code pénal et des lois spéciales telles que la loi du 15 juillet 1889 sur le recrutement, celle du 30 octobre 1886 sur l'enseignement, et les lois constitutionnelles.

La science pénale elle-même a souvent mis à contribution le casier judiciaire, auquel elle doit l'exactitude de ses dernières statistiques.

D'autre part, l'extrait du casier judiciaire est encore pour l'Etat et a été jusqu'à la loi de 1899 pour les particuliers une précieuse source de renseignements, de même qu'il constituait lorsqu'il était vierge un certificat d'honorabilité légale.

Imitant en cela les administrations publiques de l'Etat, les directeurs des banques, des manufactures, les patrons des chantiers et des exploitations agricoles en un mot tous les employeurs, prirent l'habitude de consulter le casier judiciaire des individus qui leur demandaient du travail. Lorsqu'en 1876, on leur refusa ce bulletin n° 2, ils tournèrent la difficulté en le réclamant à l'intéressé lui-même qui pouvait toujours en obtenir la délivrance. Il est certain qu'à ce point de vue encore le casier judiciaire a rendu des services en éclairant les patrons sur la moralité de leurs employés. Quoi qu'il en soit, nous verrons que ce rôle d'agent de renseignements qu'on a fait jouer au casier judiciaire n'est pas exempt de toute critique.

Nous n'avons envisagé jusqu'ici que l'utilité sociale du casier judicaire. Aurait-il aussi son utilité au point de vue purement moral ? Son créateur, M. le garde des sceaux Rouher ne semblait pas en douter lorsqu'il disait dans la circulaire du 6 novembre 1850 : « Il est facile de comprendre les bénéfices qui résulteront de cette espèce de compte moral ouvert au nom de chaque individu, et qui, tenu sans cesse au courant, réfléchira avec une rigoureuse exactitude le passé de chaque citoyen : digne et noble encouragement pour les hommes de bien ; salutaire avertissement pour ceux que leur conscience seule ne retiendrait pas suffisamment dans la voie du devoir ; terrible châtiment pour le coupable qui cherchera vainement à échapper par le vagabondage à la juste réprobation qui doit le frapper ».

Les espérances de M. Rouher ne nous semblent pas

s'être réalisées. Le rôle moralisateur et préventif du casier judiciaire est, croyons-nous, à peu près nul. Quant à la « juste réprobation » dont il est l'instrument, c'est là une des plus graves critiques auxquelles l'institution ait donné lieu.

CHAPITRE IV

Inconvénients du Casier Judiciaire.

(Théories Pénales).

Il n'est pas d'institution humaine parfaite, et celle du Casier Judiciaire n'était certainement pas sans présenter quelques inconvénients. Cependant le Casier resta longtemps à l'abri de toute critique et ce n'est que vingt-huit ans après sa création qu'on signala pour la première fois ses inconvénients. C'est en effet au Congrès International de Droit Pénal tenu à Stockholm en 1878, que M. Lefébure, délégué Français, répondant à M. Yvernés qui venait de faire l'éloge du Casier Judiciaire, montra, le premier, le danger social que présentaient certains côtés de cette institution. Depuis cette époque le Casier Judiciaire a été l'objet de nombreuses discussions pénales et de vives critiques, principalement aux congrès internationaux de Saint-Pétersbourg et d'Anvers (1890) ; au congrès, des sociétés de Patronage, de Lyon (1894) ; à l'Académie des sciences morales et politiques (1892) ; et à plusieurs reprises au sein de la Société Générale des Prisons. Nos Gouvernants eux-mêmes s'émurent de cette question qui passionnait l'opinion, et tentèrent, comme nous le verrons, de remédier aux inconvénients qu'on leur signalait.

L'examen sommaire des critiques dont le casier judiciaire a été l'objet depuis 1878 permet de les classer en deux catégories : 1° critiques formelles et de détail, relatives au manque de base légale de l'institution et aux imperfections de son fonctionnement. 2° Critiques de fond ayant trait aux caractères fondamentaux du Casier.

Nous serons un peu plus tard amenés à examiner les premières. Quant aux secondes, de beaucoup les plus graves, elles résultent toutes de la *perpétuité* des inscriptions au casier judiciaire, et de la *publicité indirecte* résultant de la délivrance de ses extraits à leurs titulaires.

L'inscription au casier judiciaire, a-t-on dit, avec ce double caractère de perpétuité et de publicité, constitue une mesure injuste au point de vue moral, illégale au point de vue pénal, néfaste au point de vue social.

Elle est injuste, car elle constitue pour le condamné quelque minime que soit la gravité de l'infraction commise, une flétrissante mise à l'index, un châtiment éternel, alors qu'il a déjà payé sa dette à la société en subissant la peine prononcée contre lui.

Elle est illégale au point de vue pénal. Car après l'abolition de la marque et du pilori on est arrivé en fait à créer par une simple circulaire une nouvelle peine accessoire, infamante et perpétuelle, « une marque » comme l'a dit M. Bérenger, « plus cruelle que « celle qui se faisait avec le fer rouge sur l'épaule, « car celle-là au moins se cachait sous l'habit...... Or « cette peine accessoire, aucun tribunal ne l'a prononcée..... ».

Elle est surtout dangereuse au point de vue social, car elle empêche le reclassement du libéré et le pousse invinciblement à la récidive.

Notre maître M. Leveillé a fort bien exposé ce danger du Casier Judiciaire : nous lui laissons la parole :

« Un individu sort de prison, il a besoin de travail « et la société tout entière est intéressée à ce qu'il en « trouve, car le travail le sauverait probablement de « la récidive. Il frappe à la porte des employeurs possibles, mais il n'a pas l'attitude ferme et tranquille « d'un honnête homme, il connaît trop bien la faute « qu'il a commise, le châtiment qu'il a subi. L'employeur « est défiant de son côté, ou tout au moins prudent. Il « ne veut pas introduire dans sa maison comme domestique, dans ses ateliers comme ouvrier, un passant dont les antécédents sont ignorés, dont les allures sont louches, dont la moralité est peut-être détestable. Il demande au solliciteur, il exige de celui-ci avant de l'admettre, que le malheureux produise « une pièce décisive qui relate s'il y a lieu, avec une

« impitoyable exactitude, la condamnation grave ou « légère, ancienne ou récente, que le titulaire a encou- « rue. Ce document révélateur c'est le casier judiciai- « re : blanc il équivant à un certificat de probité légale : « barré d'une condamnation il constitue au contraire la « démonstration authentique du délit accompli et « constaté.

« Le casier judiciaire devient par là dans la prati- « que un obstacle formidable au reclassement des li- « bérés : le condamné d'hier est repoussé de partout « comme un paria ; il ne trouve pas de pain. Que vou- « lez-vous qu'il fasse ? Il a faim et la faim est mau- « vaise conseillère. Un animal privé de nourriture « devient féroce ; l'homme privé de nourriture devient « récidiviste, et désormais ce malheureux, qui pour- « rait être sauvé est perdu. C'est un professionnel qui « de nouveau troublera l'ordre, c'est un pensionnaire « de plus inscrit au budget des prisons (1) ».

Dans cette brillante analyse, M. Léveillé s'est uniquement attaché à montrer les dangers de la publicité du Casier Judiciaire. Il faut ajouter que la perpétuité des inscriptions aggrave encore la situation des libérés. Il peut arriver en effet que le libéré, grâce à son courage et à l'aide qu'il a trouvée dans les Sociétés de Patronage soit parvenu à se reclasser, à reconquérir une situation matérielle et morale loin du théâtre de sa

1. *Rapport de M. Leveillé au 2e congrès de Patronage des libérés*. Lyon, 1894.

faute depuis longtemps expiée, lorsque tout à coup la simple demande de production de son casier judiciaire le force à tout abandonner et à disparaître devant la réprobation de ses nouveaux concitoyens.

A cela, il y a bien un remède, la réhabilitation, mais la publicité de sa procédure est aussi dangereuse pour le libéré que celle du Casier Judiciaire.

M. Léveillé a ainsi résumé ce double inconvénient du Casier Judiciaire:

« Il divulgue imprudemment des fautes négligeables et il se souvient trop longtemps, puisqu'il s'en souvient toujours des condamnations prononcées... C'est par suite de cette double imperfection que le Casier nuit d'une façon inintelligente et barbare au reclassement d'un grand nombre de libérés (1) ».

Tels sont les inconvénients du Casier Judiciaire, inconvénients que la plupart des criminalistes reconnaissent et qui, durant ces dernières années, ont été exposés avec beaucoup de talent par M. le sénateur Bérenger et M. le Professeur Léveillé.

Mais, si le Casier Judiciaire a été l'objet de critiques très vives, il faut ajouter pour être impartial qu'il a aussi trouvé parmi les criminalistes, quelques habiles défenseurs. Citons entre autres, M. le professeur Berthélémy, M. le juge d'instruction Le Poittevin et M. L. Bonneville de Marsangy, fils de l'illustre magistrat créateur du Casier Judiciaire.

1. M. Leveillé dans « *Le Temps* », n° du 3 mars 1891.

Voici leurs principaux arguments :

On reproche au Casier Judiciaire, disent-ils, de constituer par la publicité et la perpétuité de ses inscriptions une peine infamante en même temps qu'une cause importante de récidive. Ceci est tout au moins exagéré : Outre qu'en doctrine pénale on ne peut considérer l'inscription au Casier Judiciaire comme une véritable peine, c'est là une mesure de publicité qui n'est pas unique dans notre législation. « Au lendemain de chaque audience, la presse publie les résultats de toutes les affaires soumises aux tribunaux correctionnels et aux Cours d'assises... Tous ces détails ne sont-ils pas de nature à rester bien plus longtemps fixés dans l'esprit de ceux qui les lisent que la formule légale, qui figure sur les bulletins du Casier Judiciaire ? (1)... »

En fait cette publicité du Casier est-elle vraiment la cause des récidives, dont, selon les statistiques, le nombre va toujours augmentant ? C'est là une affirmation toute gratuite ; la véritable cause de récidive est dans l'organisation défectueuse de notre régime pénitentiaire.

D'ailleurs le Casier Judiciaire n'est pas, comme on le dit, un obstacle sérieux au reclassement des libérés. C'est à tort qu'on soutient que partout on réclame, au

1. G. Le Poittevin. « *La Réforme du Casier Judiciaire.* » Discours prononcé à l'audience de rentrée de la Cour d'Angers, 16 octobre 1891.

travailleur qui veut s'embaucher, l'extrait de son Casier Judiciaire. Cela est vrai pour les administrations publiques, et les grandes compagnies financières et commerciales ; mais il n'en est pas ainsi dans la plupart des chantiers, des exploitations agricoles et même des usines, où on embauche souvent des Belges et des Italiens dont le passé est complètement inconnu.

Enfin le libéré vraiment intéressant, celui qui a la ferme intention de demander au travail ses moyens d'existence, s'adressera le plus souvent aux sociétés de patronage. Grâce à l'extrait de son casier judiciaire, celles-ci pourront le recommander « en parfaite connaissance de cause » aux employeurs. La clandestinité du casier judiciaire rendrait au contraire impossible le rôle des sociétés de patronage, qui rendent les plus grands services aux libérés.

Quant à la perpétuité du casier, ajoutent ses défenseurs, la réhabilitation pare suffisamment à ses inconvénients et si cette institution pénale a besoin d'être perfectionnée rien n'empêche de le faire sans toucher au casier judiciaire. Tels sont les principaux arguments qu'ont fait valoir les défenseurs du casier judiciaire.

Devant de telles divergences d'opinions sur le rôle social du casier judiciaire il est permis, nous semble-t-il, de rester troublé. Nous avons essayé cependant de nous faire une religion et nous croyons sincèrement que les graves reproches adressés à la perpétuité et surtout à la publicité du casier ne sont pas sans fondement. Il est vrai que dans certains cas cette publicité peut être utile ; nous admettons parfaitement que pour certaines fonctions, même en dehors des fonctions publiques, on réclame de la personne à laquelle on veut les confier, les preuves d'un passé à l'abri de toute critique. Nous comprenons de même qu'une compagnie de chemins de fer ne confie pas l'aiguillage d'une voie à un individu déjà condamné pour homicide par imprudence, qu'un propriétaire foncier ne choisisse pas comme garde-chasse, un braconnier ayant déjà à son actif un délit de chasse. Nous allons même plus loin, nous croyons que les révélations du casier judiciaire ont pu avoir une utilité préventive, en empêchant des malfaiteurs professionnels d'obtenir à l'aide de faux certificats des emplois, sous le couvert desquels ils auraient pu se livrer à de nouveaux méfaits.

Mais nous sommes obligés de reconnaître qu'il y a eu dans cet ordre d'idées de graves abus ; et nous trouvons aussi dangereux qu'injuste, qu'une peccadille de jeunesse brise à jamais l'avenir d'un condamné repentant, et aille surtout jusqu'à l'empêcher de gagner sa vie. C'est pourtant ce qui est arrivé, toutes les grandes administrations et même beaucoup de patrons ayant pris l'habitude d'éliminer des listes de leurs candidats et de refuser tout emploi, au solliciteur dont le casier n'est pas vierge, sans tenir compte de l'importance de la condamnation encourue.

C'est cette façon peu intelligente et peu charitable de comprendre l'institution qui a déterminé la plupart des criminalistes à demander la réforme du Casier Judiciaire.

CHAPITRE V

Réformes proposées.

A part quelques partisans du *statu quo* contestant les reproches faits au Casier Judiciaire, ou considérant toute réforme comme pratiquement impossible, on peut dire que tous les criminalistes modernes ont cherché les meilleurs moyens de remédier aux inconvénients de la publicité et de la perpétuité du Casier. Mais les réformes proposées peuvent, croyons-nous, être ramenées aux trois systèmes suivants :

1° Clandestinité absolue du Casier judiciaire.

2° Restrictions légales à la publicité et à la perpétuité.

3° Atténuation de la publicité par des mesures de clémence.

1° *Clandestinité absolue*

Ce système a eu pour promoteur M. Bérenger. Émû des dangers de la publicité du Casier, l'honorable sénateur proposa une solution radicale : suppression de toute publicité, par l'interdiction de délivrer au titulaire l'extrait du Casier Judiciaire dont la connaissance serait désormais réservée aux magistrats et aux administrations publiques de l'Etat. Il faut ajouter que comme corollaire de cette proposition et pour parer aux inconvénients de la publicité de la procédure de réhabilitation, M. Bérenger proposait d'établir une réhabilitation s'opérant automatiquement par l'expiration de certains délais sans nouvelle condamnation : C'est la réhabilitation de droit qui est passée dans la loi du 5 août 1899.

Quoique M. Bérenger ait exposé les avantages de la clandestinité du casier judiciaire avec une grande force de conviction, ce système ne réunit ni au Sénat, ni à la Société Générale des Prisons (1) ni même au sein de la commission extra-parlementaire chargée de préparer un projet de loi, beaucoup d'adhésions. On lui reprocha surtout, outre le radicalisme de la réforme, de favoriser les criminels au détriment des honnêtes gens, en privant ces derniers du droit d'attester leur honorabilité légale. Nous croyons qu'il y a un danger beaucoup plus sérieux ; la clandestinité du casier judiciaire en privant les particuliers de tout moyen de contrôler les antécédents des libérés dangereux, porterait une

1. Séance de la Société Générale des Prisons du 18 mai 1887 (*bull. de la Société*, 1887).

grave atteinte à la sécurité publique, et faciliterait singulièrement la tâche des professionnels du délit.

2° Restrictions légales à la publicité et à la perpétuité du Casier.

Devant l'insuccès de sa première tentative de réforme, M. Bérenger proposa à titre subsidiaire une solution moins radicale, consistant à dispenser de l'inscription sur l'extrait du casier judiciaire délivrable à l'intéressé, certaines condamnations peu graves, et d'admettre que toutes les condamnations uniques portées sur cet extrait cesseraient, au bout d'un temps plus ou moins long d'y figurer. L'idée de cette réforme était excellente, puisqu'elle paraît à la fois aux inconvénients de la publicité et de la perpétuité. Aussi fut-elle généralement admise, et adoptée en 1890 par la commission extra-parlementaire chargée par le Garde des Sceaux de préparer un projet de loi sur le Casier Judiciaire.

Voici sommairement quelles étaient les grandes lignes du système proposé.

1° Création de deux sortes d'extraits du Casier Judiciaire :

A. — Le bulletin n° 2 destiné aux magistrats et administrations publiques de l'Etat.

B. — Le bulletin n° 3 délivrable à l'intéressé.

2° Exemption pour les faibles condamnations de l'inscription au bulletin n° 3.

3° Détermination par la loi de ces condamnations privilégiées.

4° Prescription des mentions du bulletin n° 3.

En étudiant la loi du 5 août 1899 qui a consacré ces principes, nous verrons si leur application a répondu aux espérances qu'on fondait sur eux.

3° *Atténuation de la publicité par des mesures de clémence.*

Ce troisième système de réforme du Casier Judiciaire est l'œuvre de notre maître M. le Professeur Léveillé. Devant les difficultés pratiques que soulevait l'application des principes que nous venons d'indiquer, difficultés dont il s'était rendu compte lors des premières séances de la commission extra-parlementaire, M. Léveillé chercha un autre moyen de remédier aux dangers de la publicité du Casier. Constatant qu'en somme cette publicité constituait pour le condamné une souffrance, infligée par la société, comme châtiment d'une infraction à la loi pénale, il conclut que l'inscription au Casier Judiciaire avait tous les caractères d'une peine. De ce principe que l'inscription au Casier constitue une peine il tira les déductions suivantes :

1° Possibilité pour le juge de prononcer ou non cette peine.

2° Possibilité de la prononcer pour un certain temps seulement.

3° Possibilité pour le chef de l'État d'y mettre fin par voie de grâce.

C'était là autant de moyens de remédier aux inconvénients de la publicité. Mais à peine cette ingénieuse théorie avait-elle été exposée par notre maître dans le Journal « *Le Temps* » (1) qu'elle était l'objet des plus vives critiques :

L'inscription au Casier Judiciaire, disaient les uns (2) n'est pas une peine, puisque sa publicité qui constituerait l'élément de la peine, est subordonnée à la volonté du condamné.

En admettant que ce soit une peine, reprenaient les autres (3), les déductions de M. Leveillé sont fausses. En effet l'inscription au Casier ne peut être qu'une peine accessoire ; or les peines accessoires : 1° sont encourues de plein droit, 2° sont perpétuelles, 3° ne sont pas susceptibles de disparaître par la grâce.

Ces critiques ne nous semblent pas justifiées :

Il nous paraît en effet spécieux, étant donné les usages établis (4), de dire que la publicité du casier judiciaire

1. N°s des 3 et 27 mars 1891.

2. Discours de M. G. Dubois à la *Soc. Générale des Prisons.*, 18 novembre 1891.

3. Appleton. *La réforme du Casier Judiciaire* (Thèse) 1892.

4, En effet il est de règle dans toutes les administrations, les compagnies industrielles et commerciales et même dans constitue une peine que le condamné est libre de s'infliger. D'ailleurs il faut s'entendre sur ce point : nous ne soutenons pas que l'inscription au Casier Judiciaire est une peine dans le sens où on prend ce mot en droit pénal puisqu'aucune loi ne l'a créée. Mais nous prétendons qu'elle a, en fait, tous les caractères d'une peine et qu'il serait à désirer que le législateur lui donnât à ce titre la consécration officielle.

Quant aux arguments juridiques émis contre les déductions de notre maître, ils nous semblent loin d'être péremptoires :

En effet s'il est vrai, d'une part, que les caractères généraux des peines accessoires soient d'être encourues de plein droit et d'être perpétuelles, il existe au moins une peine accessoire, l'interdiction de séjour qui n'a pas ce double caractère, et rien à notre avis ne peut empêcher le législateur d'étendre cette exception.

D'autre part le principe que la grâce ne peut avoir d'effet à l'égard des peines accessoires est, comme l'a montré M. Léveillé, (1) une théorie doctrinale tout arbitraire qui n'a dans la Constitution aucun fondement sérieux.

Mais on avait fait aussi à M. Léveillé des objections

la plupart des entreprises privées de réclamer comme références, à l'employé ou à l'ouvrier, l'extrait de son casier judiciaire.

1. V. *Bulletin de la Société Générale des Prisons*, 1893, p. 46.

d'ordre pratique : En laissant au juge, disait-on, le droit de prononcer ou non l'inscription au Casier Judiciaire on tombe dans l'arbitraire. Quant à la suppression de l'inscription par l'expiration du temps pour lequel elle a été prononcée, ou par voie de grâce c'est là une mesure qui intervient trop tard : c'est en effet au moment de la libération que le Casier Judiciaire gêne le plus son titulaire.

M. Léveillé n'attacha qu'une médiocre importance à la première de ces critiques (car toutes les législations pénales modernes laissent au juge un certain pouvoir d'appréciation de la peine) ; mais la seconde lui parut fondée. Il chercha donc un nouveau remède aux dangers de la publicité du Casier. S'inspirant de la loi de 1874 qui établit la surveillance de haute police et la possibilité de suspension de cette peine, et aussi de la loi du 14 août 1885 sur la libération conditionnelle, il proposa de donner à l'administration pénitentiaire le droit de suspendre conditionnellement cette nouvelle peine : l'inscription au Casier Judiciaire.

« Et le savant auteur du système prend diverses pré-
« cautions pour que cette faveur ne soit accordée qu'aux
« libérés vraiment méritants. Il propose d'abord que la
« suspension de l'inscription au Casier ne soit accordée
« que si elle est réclamée au profit d'un libéré par une
« société de patronage qui joue le rôle de « caution mo-
« rale ». D'un autre côté, la suspension de l'inscription,
« étant une épreuve, ne devra être prononcée que pour

« une durée courte, un an tout au plus. Mais elle sera « susceptible de renouvellement toujours sur la de- « mande d'une Société de patronage. Après plusieurs « renouvellements, après dix ans par exemple, dit M. Le- « veillé, si le libéré se conduit toujours bien l'inscrip- « tion provisoirement suspendue au début, doit s'étein- « dre silencieusement, discrètement, sans aucune pro- « cédure » (1).

Telles sont les ingénieuses déductions que M. Léveillé a tirées de ce principe que l'inscription au Casier est une peine, déductions qui constituent, selon nous, le seul remède pratique aux inconvénients du Casier Judiciaire.

1. Mironesco. *Le Casier Judiciaire* (Thèse) 1898. P. 228.

CHAPITRE VI

Avantages d'une réglementation par voie législative du Casier Judiciaire.

Il est à remarquer que presque tous les partisans de la réforme du Casier Judiciaire demandaient que cette réforme se fît par voie législative. L'intervention du législateur en même temps qu'elle se justifiait par des considérations d'ordre théorique, présentait au point de vue pratique de grands avantages.

Au point de vue théorique : 1° L'idée première du créateur du Casier, M. Bonneville de Marsangy, était d'en faire une institution légale puisqu'il avait demandé l'insertion de son projet de réforme, dans le Code d'Instruction criminelle.

2° Nos lois pénales citant souvent le Casier Judiciaire, il était illogique de les voir raisonner sur une institution n'ayant aucune base légale, et soumise à l'instabilité ministérielle.

3° Le Casier Judiciaire formant en somme l'« état criminel » de tout citoyen Français, n'était-il pas juste que cet état criminel fût comme l'état-civil réglé par la loi ?

4° Enfin, si comme nous le croyons, le Casier Judiciaire constitue une peine, il était de toute utilité de légaliser cette peine.

Les considérations pratiques en faveur de la réglementation « *légale* » résultaient des nombreux inconvénients du système des circulaires :

1° Tout d'abord le nombre des circulaires complétant ou modifiant celle du 6 novembre 1850 était devenu tel (1), qu'il était très difficile aux magistrats chargés d'appliquer ces circulaires, de s'y reconnaître.

2° Le Casier Judiciaire, institution purement ministérielle, en avait l'instabilité. Le bon plaisir de nos Gardes des Sceaux quelquefois changeants et si souvent changés pouvait bouleverser et même supprimer cette utile institution.

3° Enfin le manque de base légale du Casier enlevait toute force probante à ses extraits.

En effet le Casier Judicaire n'étant qu' « une institution purement administrative organisée en dehors de la loi ne pouvait avoir au point de vue de la preuve aucune valeur propre (2) ». Il n'était qu'une copie d'un acte authentique, et son extrait, une copie de copie qui aux termes des articles 1334 et 1335 du Code Civil ne peut valoir que comme « simples renseignements » (3).

1. On en comptait plus de cent, et encore n'émanaient-elles pas toutes de la Chancellerie.

2. Deransart. *Des moyens de constater et de prouver la récidive* (Thèse 1897).

3. Cette interprétation juridique nons semble contestable (V. 3e partie : *Force probante* du bulletin n° 2, page 126.

Or il est facile de comprendre les inconvénients de cet état de choses, si l'on songe qu'en fait le Casier Judiciaire était la base normale de l'état de récidive.

Au début la Cour de Cassation avait admis, il est vrai que malgré le manque de valeur probante de l'extrait du casier judiciaire, il serait suffisant pour prouver l'état de récidive, lorsqu'il serait corroboré par « *l'aveu même tacite* » du condamné.

Mais depuis sa Jurisprudence avait varié, (1) et elle semblait exiger, au moins pour l'application de la loi de 1885 sur la rélégation, que la récidive fût prouvée par un document authentique. Etant donné les garanties d'exactitude du Casier, il eût été désirable pour la célérité de la procédure criminelle, qu'une loi vint donner au bulletin n° 2 du Casier Judiciaire la force probante de l'acte authentique.

Nous verrons si la loi de 1899 a tranché cette importante question.

Malgré tous les inconvénients de cette organisation purement administrative du Casier Judiciaire, il ne semble pas que ce soient ces considérations, mais bien plutôt les critiques de fond adressées à la publicité et à la perpétuité de ses inscriptions qui aient déterminé l'intervention législative et amené le vote de la loi du 5 Août 1899.

1. Les variations de Jurisprudence de la Cour Suprême ont été exposées par M. Deransart dans l'ouvrage précité p. 81 et suiv.

CHAPITRE VII

Historique et Exposé général de la loi du 5 Août 1899 sur le Casier Judiciaire et la réhabilitation de droit.

Avant d'étudier la loi du 5 Août 1899, il ne nous semble pas inutile pour comprendre et juger l'œuvre de législateur, de donner un aperçu des circonstances dans lesquelles fut élaborée cette loi, ainsi que des principes généraux qui la dominent. Comme nous l'avons déjà dit, on s'était ému dans les milieux parlementaires des critiques adressées au Casier Judiciaire. Plusieurs fois de 1885 à 1890, au Sénat et surtout à la Chambre des députés, des discussions s'étaient élevées sur ce sujet, et une proposition de loi, tendant à supprimer la perpétuité des inscriptions du Casier Judiciaire avait même été déposée sur le bureau de la Chambre le 23 Juin 1890 (1).

Quelques jours plus tard, le 27 juin 1890, au cours

1. Cette proposition de loi était de MM. Abel Chiché, Jourde, Aimel, et Françis Laur.

d'une discussion de la loi du sursis, au Sénat, M. Bérenger demanda à M. le Garde des Sceaux Fallières, de déposer un projet de loi sur le Casier Judiciaire. Celui-ci prenant en juste considération la demande de l'honorable sénateur institua par arrêté du 24 juillet 1890 une commission extra-parlementaire, chargée de rechercher quelles modifications pouvaient être apportées à l'organisation du casier judiciaire, et de préparer un projet de loi. Cette commission composée (1) de parlementaires très au courant des questions pénales, de magistrats, et de fonctionnaires du ministère de la Justice se réunit pour la première fois le 30 juillet 1890. Dès les premières séances, M. Bérenger remit en lumière les abus auxquels donnait lieu l'organisation de l'institution, et la commission reconnut à l'unanimité qu'il y avait lieu de restreindre la publicité du Casier. Quelques membres étaient même partisans de la clandestinité absolue, mais devant l'impossibilité de faire aboutir une réforme aussi radicale, ils adoptèrent avec la majorité de la commission, dans le but de restreindre la publicité, un système transactionnel consistant dans la distinction de deux sortes d'extraits du Casier : 1° le bulletin n°2, délivrable aux magistrats et administrations publiques de l'État et reproduisant intégralement les bul-

2. Composition de la Commission : MM. Cazot (Vice-Pr.). Bérenger, Trarieux, Guyot-Dessaigne, Bovier-Lapierre, Leygues, Voisin, Herbette, Dumas, Leveillé, Bloch, Guillot, Brégeault, Yvernès, Noulens (secrétaire).

letins n° 1 ; 2° le bulletin n° 3, réservé à l'intéressé et ne mentionnant que les condamnations les plus graves. Quand il s'agit d'établir un criterium déterminant quelles seraient les condamnations dispensées d'inscription au bulletin n° 3, de graves divergences se produisirent sur le point de savoir comment se ferait cette détermination. MM. Leveillé et Guillot voulaient laisser au juge le pouvoir de prononcer ou non l'inscription au bulletin n° 3. Mais ce système fut repoussé par la Commission qui décida que ce serait la loi elle-même qui déterminerait les condamnations dispensées d'inscription.

C'est sur ce principe fondamental qu'une sous-commission fut chargée de préparer un projet de loi. Elle éprouva les plus grandes difficultés pour dresser une liste de ces condamnations privilégiées. Après bien des hésitations, des retouches, et le rejet par la Commission de deux premiers projets jugés incomplets, la Sous-Commission présenta le 29 mai 1891 un troisième projet augmenté de deux articles, l'un visant la prescription des mentions du bulletin n° 3 dans le cas de condamnation unique, l'autre réprimant les fraudes commises en matière de Casier Judiciaire, C'est ce projet qui adopté par la commission et précédé d'un rapport de M. Brégeault au Garde des sceaux fut déposé par ce dernier le 22 octobre 1891 sur le bureau du Sénat. Mais les délibérations devaient se faire attendre longtemps. En effet les successeurs de M. Fallières au ministère de la Justice, pleins de défiance pour le projet de la commission, demandèrent l'avis du Conseil d'Etat sur la réforme. La section de législation adopta d'abord le principe de la clandestinité, puis l'assemblée générale conclut au maintien du *statu quo*. Un moment, on songea à faire la réforme par voie administrative. Enfin sept ans plus tard, grâce à l'initiative de M. Milliard, garde des sceaux, la Commission du Sénat (1) nommée par M. Fallières en 1891 reprit ses travaux et quelque temps après, le projet légèrement retouché était représenté au Sénat avec un rapport de M. Jules Godin, déposé le 10 mars 1898.

Après de vives discussions et quelques modifications au cours des séances du 8 juillet et 8 décembre 1898, le projet fut adopté en première délibération par le Sénat le 9 décembre 1898.

Lors de cette première délibération un amendement de M. Bérenger, établissant comme corollaire de la prescription du bulletin n° 3 une réhabilitation opérant de plein droit, avait été repoussé. Il fut adopté par le Sénat lors de la deuxième délibération, le 7 mars 1899.

Le projet présenté à la Chambre et déclaré d'urgence, fut adopté sans discussion le 3 juillet 1899 et promulgué le 5 août 1899 sous le titre de : *Loi sur le Casier judiciaire et la Réhabilitation de Droit*. Un décret portant règlement d'administration publique en

1. Cette commission était ainsi composée : MM. Cazot, président, Morellet secrétaire, Tnezard, Mazeau, Ranc, Bérenger et Jules Godin.

date du 12 octobre 1899 et une circulaire de M. Monis Garde des Sceaux aux Procureurs Généraux sont venus compléter la loi et régler les détails de son application. Ajoutons enfin qu'un nouveau projet de loi, modifiant quelques articles de la loi du 5 août, a été présenté au Sénat le 4 décembre 1899 par M. Monis, Garde des Sceaux.

Le législateur de 1899, outre les réformes de fonds qu'il entendait faire avait également pour but de donner une base légale au Casier Judiciaire. Mais un examen sommaire de la loi montre qu'il s'est contenté de poser les principes généraux et d'envisager le côté pénal de l'institution sans prétendre en donner une réglementation administrative détaillée.

Dans l'étude analytique que nous allons entreprendre, nous userons de la même réserve et suivant le plan général de la loi nous examinerons successivement :

1° Le Casier Judiciaire proprement dit ou bulletin n° 1.

2° Le bulletin n° 2 du Casier Judiciaire.

3° Le bulletin n° 3.

4° La Réhabilitation de Droit.

5° Les erreurs ou fraudes commises dans les Casiers Judiciaires.

DEUXIÈME PARTIE

ETUDE ANALYTIQUE DE LA LOI DU 5 AOUT 1899
SUR LE CASIER JUDICIAIRE
ET LA RÉHABILITATION DE DROIT

CHAPITRE I

Le Casier Judiciaire proprement dit, ou bulletin n° 1

Caractères généraux.

La loi du 5 août 1899 n'a aucunement modifié les principes généraux de l'organisation et du fonctionnement du Casier Judiciaire ; elle n'a fait que consacrer sur ces points les règles précédemment admises.

Ce sont toujours les greffes des tribunaux d'arrondissements qui reçoivent les bulletins n° 1 des individus nés en France, et la rédaction et le transfert de ces bulletins s'opèrent comme par le passé. De même, l'article 3 de la loi institue au ministère de la Justice, le Casier Central, destiné à recevoir les bulletins n° 1 « *concernant les personnes nées à l'étranger, dans les colonies, ou dont l'acte de naissance n'est pas retrouvé* ».

Les principes du fonctionnement administratif de l'institution n'ont guère varié non plus. Quelques modifications ont cependant eété apportés aux décisions des circulaires précédentes, par le décret du 12 décembre 1899 et la circulaire de la Chancellerie du 15 décembre 1899, modifications ayant trait surtout au format des différents bulletins et à leur tarification. Mais ce sont là des détails qui au point de vue pénal n'ont aucune importance; aussi les passerons-nous sous silence.

Décisions judiciaires donnant lieu à la rédaction d'un bulletin n° 1.

L'article 1er de la loi est consacré à l'énumération des décisions judiciaires qui sont désormais portées au Casier; il n'a fait d'ailleurs à part quelques rares innovations que reproduire les dernières circulaires. Les décisions faisant l'objet de la rédaction d'un bulletin n° 1 sont :

1° « *Les condamnations contradictoires ou par contumace et les condamnations par défaut non frappées d'opposition, prononcées pour crime ou délit, par toute juridiction répressive;* » (art. 1er, § 1).

D'après les termes assez vagues de ce §, la première condition pour qu'une condamnation soit portée au Casier Judiciaire c'est qu'elle ait été prononcée « pour crime ou délit ». La généralité de cette expression comprend toutes les infractions autres que celles de la compétence des tribunaux de simple police, et par conséquent même les condamnations à une simple amende prononcées par les tribunaux correctionnels à la requête d'administrations publiques (1). Sous l'empire des circulaires, ces condamnations appelées délits-contraventions ne figuraient pas au Casier Judiciaire, sauf les condamnations à l'amende prononcées en matière de chasse et de pêche. Aujourd'hui il n'y a plus de distinction à faire : « il devra être établi un bulletin n° 1 », dit la Circulaire de la Chancellerie du 15 décembre 1899, « en cas de condamnation à une simple amende prononcée par un tribunal correctionnel à la requête d'une administration publique, notamment pour les infractions aux lois sur les eaux et forêts, les douanes, les contributions indirectes, les octrois et les postes ». Ajoutons que les travaux préparatoires sont formels en ce sens.

Le texte de la loi indique encore qu'il n'y a aucune distinction à faire au point de vue de l'inscription au Casier entre les condamnations contradictoires et celles prononcées par contumace. Il est évident cependant que dans ce dernier cas, s'il intervient par la suite une condamnation contradictoire faisant tomber l'arrêt par contumace, le bulletin n° 1 constatant le premier arrêt, n'a plus aucune valeur et doit être détruit.

Mais la loi n'admet l'inscription au Casier des condamnations par défaut que lorsqu'elles sont « non-frappées

1. Eaux et forêts. Contributions indirectes. Octrois, postes, etc. etc.

d'opposition. » C'est là une formule bien défectueuse étant donné le sens qu'on est obligé de lui attribuer.

En effet la loi a mentionné en ces termes une application d'une règle beaucoup plus générale qu'elle a oublié de formuler : C'est que, pour qu'une condamnation soit portée au Casier judiciaire, il faut qu'elle soit « *définitive* », c'est-à-dire qu'elle ne soit pas susceptible d'être attaquée, par voie d'appel ou d'opposition si c'est un jugement, — de cassation si c'est un arrêt. C'était là une règle admise avant la loi, et celle-ci a eu le tort de ne pas la formuler, mais le décret du 12 décembre 1899 ne peut laisser aucun doute sur son maintien, puisqu'il prend comme point de départ du délai de quinzaine accordé aux greffiers pour dresser les bulletins n° 1 : « le jour où la décision est devenue définitive ».

Mais justement dans le cas spécial prévu par la loi, c'est-à-dire dans le cas de jugement par défaut, cette règle est assez difficile à concilier avec la loi du 27 juin 1866 qui permet « aux condamnés par défaut auxquels le jugement n'a pas été signifié *à personne*, de former opposition jusqu'à l'expiration des délais de prescription, à moins qu'il ne résulte d'actes d'exécution qu'ils ont eu connaissance du jugement.

On voit donc que dans le cas de signification à domicile seulement, la condamnation par défaut ne devient « définitive » qu'au bout de cinq ans.

Doit-on dans ce cas, attendre l'expiration de ce long délai, pour inscrire la condamnation au Casier ?

Cette difficulté qui existait avant la loi avait été tranchée (comme nous l'avons vu) par la Circulaire du 8 décembre 1868 prescrivant aux greffiers de dresser le bulletin n° 1 à partir du cinquième jour après la signification à domicile. Le décret du 12 décembre 1899 a légèrement modifié cette solution. En effet il donne, comme point de départ du délai accordé aux greffiers pour la rédaction des condamnations par défaut, le jour où elles ne peuvent plus être attaquées par la voie de l'appel ou du pourvoi en Cassation. Les délais de l'appel étant de 10 jours à partir de la signification faite même à domicile, il en résulte que ces décisions doivent être portées au casier 10 jours après signification à domicile. Dans le cas où une opposition est admise dans les cinq années qui suivent la condamnations, le bulletin constatant la condamnation par défaut doit être détruit.

Une dernière condition pour qu'une condamnation soit aux termes du § 1 de l'art. 1er, mentionnée au casier judiciaire c'est qu'elle soit prononcée par une « *juridiction répressive* ». Peu importe d'ailleurs que ce soit ou non un tribunal de droit commun ; la loi dit « toute juridiction répressive ».

Il nous est maintenant aisé d'énumérer les condamnations comprises dans les larges termes de l'art. 1er ce sont :

A. — Les arrêts contradictoires ou par contumace rendus par les cours d'assises.

B. — Les jugements ou arrêts contradictoires ou par défaut rendus en matière correctionnelle.

C. — Les arrêts rendus en matière politique par le Sénat siégeant comme Haute-Cour de Justice.

D. — Les condamnations prononcées par les tribunaux militaires ou maritimes.

D. — Les condamnations prononcées par les juridictions civiles, pour infractions commises au cours de leurs audiences (En se sens circ. Ch. 15 décembre 1899).

A côté de ces condamnations prononcées par les juridictions répressives, il existe un certain nombre de décisions judiciaires, énumérées par l'art. 1er qui donnent également lieu à la rédaction d'un bulletin n° 1. Il est à remarquer qu'aux termes du décret du 12 décembre 1899 (art. 4) toutes ces décisions judiciaires, quelles qu'elles soient, doivent également pour figurer au Casier être « définitives ».

Ce sont :

2° « *Les décisions prononcées par application de l'article* 66 *du Code Pénal* » (art. 1er § 2), c'est-à-dire les jugements prononçant l'acquittement d'un mineur de 16 ans, comme ayant agi sans discernement. Ces acquittements figureront au casier même dans le cas où le mineur n'est pas envoyé en correction, mais simplement remis à ses parents (1).

1. Avant la loi ces acquittements étaient constatés par des bulletins d'une coule ur spéciale (rouge). Depuis la loi il n'y a aucune différence avec les autres bulletins n° 1.

« 2° *Les décisions disciplinaires prononcées par l'autorité judiciaire ou par une autorité administrative, lorsqu'elles entraînent ou édictent des incapacités* » (art. 1er § 3).

Il faut entendre par *décisions disciplinaires*, émanant de l'autorité judiciaire, les jugements ayant un caractère disciplinaire rendus en audience publique contre un officier ministériel par application des articles 102 et 103 du décret du 30 mars 1808 modifiés par la loi du 10 mars 1898. Mais en exigeant pour être inscrits au Casier, que ces décisions « entraînent ou édictent des incapacités » la loi a restreint sa sphère d'application : il n'y a en effet que la destitution qui remplisse cette condition. Il est à remarquer d'ailleurs que la destitution devra toujours être inscrite au casier ; car quand bien même le tribunal en la prononçant n'aurait pas déclaré qu'elle entraîne l'incapacité électorale, elle aurait toujours pour effet (aux termes de l'art. 2 de la loi du 21 novembre 1872) d'empêcher l'officier ministériel de pouvoir être nommé juré ; ce qui constitue bien une incapacité.

La loi de 1899 a donc réprouvé les circulaires du 6 novembre 1850 et 23 mai 1853, (§ 14), d'après lesquelles toutes les décisions disciplinaires prises contre les officiers ministériels devaient être portées au casier Judiciaire. Il est à noter aussi, que les mesures disciplinaires prises contre les avocats par le conseil de l'ordre, ne peuvent se trouver comprises dans les termes de la loi. La déchéance de la puissance paternelle ne doit pas non plus être portée au casier judiciaire ; les travaux préparatoires sont formels en ce sens. La circulaire du 15 octobre 1899 spécifie qu'elle ne doit y être mentionnée « que lorsqu'elle est l'accessoire d'une condamnation criminelle ou correctionnelle ».

L'article 1er § 3 ordonne également d'inscrire au casier, « *Les décisions disciplinaires entraînant ou édictant des incapacités, prononcées par une autorité administrative* ». La Circulaire du 15 décembre 1899 est venue préciser cette formule un peu vague en décidant qu'il y a lieu de se référer sur ce point aux précédentes circulaires du 8 décembre 1868 § 11, du 30 novembre 1872 § 10, et du 15 décembre 1888. En nous reportant à ces circulaires nous voyons qu'il y a lieu d'inscrire au bulletin n° 1 : 1° les décisions emportant privation temporaire ou définitive du droit de porter la croix de la Légion d'honneur, la médaille militaire, et les médailles commémoratives telles que celles de Crimée, d'Italie, du Mexique, du Tonkin etc. 2° « les décisions disciplinaires, rendues contre un marin ou un militaire, ayant un caractère judiciaire et entraînant des incapacités ». Ce sont là les termes de la circulaire de 1868 § 11 ; ils sont, on le voit, en parfaite harmonie avec ceux de la loi nouvelle. Mais nous ne voyons à citer, comme mesure disciplinaire ayant ce caractère, que la mise en réforme des officiers de terre ou de mer, décision qui entraîne l'incapacité absolue de commander même dans la réserve ou la territoriale, et qui est prononcée par décret sur avis conforme d'un conseil d'enquête. Quant à la destitution, la privation de commandement etc., prononcées par les tribunaux militaires ou maritimes ce sont là de véritables peines prononcées pour certains délits, et portées à ce titre au casier judiciaire.

Enfin parmi les décisions disciplinaires prises contre les membres de l'enseignement, il en est une *qui entraîne une incapacité* et par conséquent tombe sous le coup de la loi de 1899: c'est l'interdiction temporaire ou perpétuelle du droit d'enseigner. Cette mesure, lorsqu'elle s'applique à un professeur de l'enseignement supérieur ou secondaire, ou un répétiteur appartenant à l'enseignement secondaire, est prononcée par le Conseil académique (Loi du 27 février 1880) ; lorsqu'elle s'applique à un professeur de l'enseignement primaire, par le Conseil départemental (Loi 30 octobre 1886).

L'article 1er de la loi de 1899 cite encore comme devant être inscrits au bulletin n° 1 :

4° *Les jugements déclaratifs de faillite ou de liquidation judiciaire* (art. 1er § 4). »

Ce n'est là de la part de la loi qu'une consécration pure et simple des circulaires du 6 novembre 1850 et 6 avril 1889.

5° *Les arrêtés d'expulsion pris contre les étrangers.* — Les bulletins n° 1 constatant ces arrêtés pris par l'autorité ministérielle ou préfectorale sont évidemment classés au casier central ; ce qui existait d'ailleurs avant la loi.

Telles sont d'après la loi du 5 août 1899, les décisions judiciaires, qui donnent lieu à la rédaction d'un bulletin n° 1.

Mentions additionnelles inscrites au bulletin n° 1.

Nous avons énuméré les décisions judiciaires qui formaient la base normale des bulletins n° 1. Mais à côté de ces mentions essentielles il en existe qui ne se trouvent qu'accidentellement sur ces bulletins, et qui, pour la plupart, n'y sont inscrites que postérieurement à leur rédaction.

L'article 2, § 2, de la loi de 1899, dit en effet :

« *Il est fait mention sur les bulletins n° 1, des grâces, commutations ou réductions de peines, des décisions qui suspendent l'exécution d'une première condamnation, des arrêtés de mise en libération conditionnelle et de révocation, des réhabilitations et des jugements relevant de la relégation, conformément à l'article* 16 *de la loi du* 27 *mai* 1885, *et des décisions qui rapportent les arrêtés d'expulsion, ainsi que de la date de l'expiration de la peine et du payement de l'amende* ».

Cet article ne fait guère que reproduire les prescriptions des circulaires antérieures. Il y a cependant deux innovations à signaler :

Avant la loi, un bulletin n° 1 devait être dressé pour chaque réhabilitation criminelle, correctionnelle ou commerciale, tandis que maintenant il suffit aux termes de l'article 2 de mentionner la réhabilitation sur le bulletin constatant la condamnation effacée. Il est d'ailleurs à remarquer que cette règle s'applique également à la réhabilitation de droit créée par la loi de 1899.

De même avant la loi aucune circulaire ne prescrivait de mentionner « *la date de l'expiration de la peine et du payement de l'amende.* » Cette innovation s'explique par la création d'un bulletin n° 3, susceptible, dans beaucoup de cas, de péremption. Cette péremption ayant comme point de départ l'exécution complète de la peine il était de toute nécessité d'en fixer la date.

Enfin le décret du 12 décembre 1899 est venu compléter l'énumération de ces mentions additionnelles, en ajoutant (art. 7 *in fine*) que « *les déclarations d'excusabilité en matière de faillite et les homologations de concordat seraient également inscrites sur le bulletin n° 1.* »

Cette mesure s'explique par ce fait que dans ces deux cas, les déclarations de faillite ne doivent pas figurer au bulletin n° 3 délivré à l'intéressé.

Destruction légale des bulletins n° 1

Le bulletin n° 1 étant un élément de constatation légale des condamnations, il était juste que ce bulletin soit détruit lorsque la condamnation mentionnée n'a pas été réellement, ou n'aurait pas dû être prononcée, ou lorsqu'elle a été légalement effacée. L'alinéa final de l'article 2 prévoit ces hypothèses :

« *Sont retirés du casier judiciaire* » dit-il « *les bulletins n° 1 relatifs à des condamnations effacées par une amnistie, ou reformées en conformité d'une décision de rectification du Casier judiciaire.* »

Malheureusement ce texte est fort incomplet. Il ne mentionne en effet comme condamnations effacées, ni les jugements par défaut inscrits avant l'expiration des délais d'opposition, ou arrêts par contumace, — effacés par suite d'une décision contradictoire intervenue contre l'ex-défaillant ou l'ex-contumax, ni les condamnations effacées par la revision. Ce sont cependant là des cas où les bulletins n° 1 devraient être détruits.

Quant aux condamnations reformées en conformité d'une décision de rectification du casier judiciaire, ce sont, comme nous le verrons, celles prononcées sous un faux-nom pris par le condamné, ou encore celles inscrites par suite d'une erreur, au casier d'un individu contre lequel elles n'ont pas été prononcées.

Duplicata des bulletins n° 1.

En prescrivant de dresser dans certains cas des duplicata des bulletins n° 1, la loi de 1899 n'a pas innové. Avant elle, des circulaires de différentes dates avaient prévu les cas où il y avait lieu à cette multiple rédaction.

L'article 5 de la loi qui reproduit ces circulaires, a même le tort de ne le faire que partiellement: il ne prescrit en effet de dresser des duplicata que dans deux cas: 1° pour la confection du casier militaire ou maritime 2° pour celle du casier électoral.

1° L'article 5 § 1 dit en effet : « *En cas de condamnation, faillite, liquidation judiciaire, ou destitution d'un office ministériel prononcée contre un individu soumis à l'obligation du service militaire ou maritime, il en est donné connaissance aux autorités militaires ou maritimes par l'envoi d'un duplicata du bulletin n° 1* ».

Cet article prescrit donc de rédiger en double les bulletins n° 1 concernant tous les hommes de 21 à 45 ans non réformés; car il n'y a pas lieu de distinguer si le titulaire du bulletin n° 1 fait partie de l'active, de la réserve, ou de la territoriale. Nous devons remarquer aussi qu'en cas d'engagement volontaire il peut y avoir lieu à dresser ces duplicata même pour des jeunes gens de 18 ans, et que pour le contingent Algérien cette mesure s'étend aux individus âgés de moins de 50 ans.

Quant aux décisions judiciaires donnant lieu à cet envoi aux autorité militaires ou maritimes,ce sont toutes celles énumérées dans l'art. 1-1° de la loi, sauf toutefois les acquittements prononcés par application de l'article 66 du code pénal, les arrêtés d'expulsion, et enfin certaines décisions disciplinaires. L'article 5 ne parle en effet que des « destitutions d'officiers ministériels » ce qui semble bien exclure toutes autres mesures diciplinaires susceptibles d'inscription au casier judiciaire. En revanche et comme l'a fait remarquer le Garde des Sceaux dans sa circulaire, l'énumération de l'article 5 comprend les « liquidations judiciaires » qui avant la loi n'étaient pas mentionnées sur les casiers militaires ou maritimes. Il faut ajouter aussi que les mentions additionnelles qui viennent modifier le bulletin n° 1 postérieurement à sa rédaction doivent également être envoyées aux autorités militaires et maritimes lorsque la situation pénale de l'individu s'en trouve changée.

2° La loi prescrit aussi de dresser dans certains cas des duplicata pour la confection du casier électoral. Ce point a été réglé dans le §2 de l'article 5 ainsi conçu :

« *Un duplicata de chaque bulletin n°* 1 *constatant une décision entraînant la privation des droits électoraux est adressé à l'autorité administrative du domicile de tout Français ou de tout étranger naturalisé* ».

La sphère d'application de ce paragraphe est, on le voit, assez restreinte. En effet les duplicata destinés à l'autorité administrative pour la rectification des listes électorales, ne doivent être dressés que pour les décisions entraînant la privation des droits électoraux. Mais il est évident que des duplicata doivent être également dressé pour constater les réhabilitations ; car cette mesure entraîne pour celui qui en est l'objet, la restitution des droits politiques.

Le § 2 de l'article 5 en prescrivant l'envoi de ces duplicata « à l'autorité administrative du domicile de tout Français ou étranger naturalisé », a profondément modifié l'organisation du casier électoral. En effet avant la loi ce casier créé par la circulaire du 18 décembre 1874 se trouvait établi pour tout Français à la Sous-Préfecture de l'arrondissement natal du condamné. La loi le transporte, comme on le voit, à la Sous-Préfecture du domicile du condamné. Cette inovation a le mérite de faciliter la rectification immédiate des listes électorales. Mais elle a l'inconvénient, étant donné l'extrême mobilité du domicile, de disséminer ces duplicata. Pour concilier les avantages des deux systèmes, M. le Garde des Sceaux dans son « projet de loi du 4 décembre, tendant à modifier la loi du 5 août 1899 » a proposé d'ajouter à l'art. 5 § 2 :

« *Cette autorité (l'autorité administrative du domicile) prend les mesures nécessaires en vue de la rectification de la liste électorale et renvoie, si le con-*

damné est né en France, le duplicata à la Sous-Préfecture de son arrondissement d'origine ».

Les duplicata concernant les autorités militaires et administratives sont les seuls qui aient été prévus par la loi. Le décret du 12 Décembre 1899 est venu compléter l'article 5 en prévoyant un troisième cas où il y a lieu de dresser un duplicata de bulletin n° 1. C'est le cas où le bulletin s'applique à un étranger originaire d'un Etat avec lequel existe l'échange des bulletins de condamnation. Dans ce cas le bulletin est envoyé en double au casier central afin que la chancellerie en fasse parvenir un exemplaire à l'Etat étranger. Cet échange de bulletins, qui se pratiquait de la même façon avant la loi, existe actuellement avec l'Autriche, l'Allemagne (pour l'Alsace-Lorraine), la Bavière, la Belgique, le Grand-duché de Bade, celui de Luxembourg, l'Italie, le Pérou, le Portugal, et la Suisse.

Il y a cependant un cas que ni la loi, ni le décret, ni même la circulaire de la chancellerie n'ont prévu, et qui nécessite l'envoi d'un duplicata des bulletins n° 1. C'est le cas où le bulletin n° 1 concerne un individu né aux colonies (à l'exception de l'Algérie). Ce point n'ayant pas été réglé nous croyons qu'il y a lieu d'appliquer encore les circulaires du 23 mai 1853 et 29 novembre 1869 qui prescrivaient, dans ce cas aux greffiers, de dresser un duplicata qui devait être envoyé par les soins de la Chancellerie au lieu d'origine du condamné.

CHAPITRE II.

Le bulletin n° 2 du Casier Judiciaire.

Caractères généraux de ce bulletin.

La loi du 5 Août 1899, en instituant deux sortes d'extraits du Casier Judiciaire, a naturellement restreint les cas de délivrance du bulletin n° 2. En effet ce n'est plus cet extrait mais le bulletin n° 3 qui doit être délivré aux intéressés ; le bulletin n° 2 est désormais réservé à une catégorie de personnes privilégiées, auxquelles le législateur a cru devoir donner la faculté de connaître exactement les antécédents judiciaires de tout Français. A part cette innovation dans les règles de délivrance du bulletin n° 2, les caractères généraux de cet extrait sont restés les mêmes que sous le régime des circulaires.

Le bulletin n° 2 est en effet resté selon les termes de l'article 4 de la loi : « *le relevé intégral des bulletins n° 1 applicables à la même personne* ». On peut même dire que la loi de 1899, a appliqué ce principe de l'intégralité encore plus strictement que les circulaires précédentes. En effet étant donnés les termes formels de l'article 4 on doit désormais mentionner sur le bulletin n° 2 : 1° les condamnations effacées par la réhabilitation ; 2° celles effacées par l'application de la loi du 26 mars 1891 ; 3° les condamnations prononcées à l'étranger même pour des faits non prévus par les lois françaises. (Nous tirons cette solution par argument *a contrario* de l'article 7, 3° qui dispense ces condamnations de l'inscription au bulletin n° 3) ; 4° les acquittements prononcés par l'application de l'article 66 du Code Pénal. Toutes ces décisions étaient avant la loi exemptées de l'inscription au bulletin n° 2 délivré aux administrations publiques.

La loi de 1899 a cependant admis une exception au principe de l'intégralité du bulletin n° 2 ; elle résulte de l'alinéa 4 de l'article 4, ainsi conçu : « *Les bulletins n° 2 réclamés par les administrations publiques de l'Etat, pour l'exercice des droits politiques, ne comprennent que les décisions entraînant des incapacités prévues par les lois relatives à l'exercice des droits politiques* ».

L'alinéa final du même article ajoute que « *lorsqu'il n'existe pas de bulletins n° 1 au Casier Judiciaire, le bulletin n° 2 porte la mention : néant* ».

Règles de délivrance du bulletin n° 2.

Les cas où le bulletin n° 2 peut être délivré sont déterminés par l'article 4 (alinéas 2 et 3), et étant donné l'esprit de la loi, qui est de restreindre la publicité du Casier, l'énumération de ces cas doit être considérée comme limitative.

Aux termes de la loi ce bulletin est délivré :

1° « Aux magistrats du Parquet et de l'instruction. »

2° « Aux autorités militaires et maritimes. »

3° Aux administratitions publiques de l'état. » Mais pour ces deux dernières catégories de personnes, la délivrance n'a lieu que dans certains cas déterminés.

1° *Délivrance aux magistrats du Parquet et de l'instruction.*

Si l'on s'en tenait aux termes mêmes de la loi, les seuls magistrats pouvant obtenir la délivrance du bulletin n° 2 seraient les juges d'instruction les procureurs Généraux et de la République, et les autres magistrats du Ministère Public, et de l'instruction tels que les commissaires du Gouvernement et rapporteurs auprès des conseils de guerre. Nous ne voyons en effet que ces magistrats qui soient « *du Parquet ou de l'instruction.* » Malgré ces termes trop précis, on ne peut admettre que l'intention du législateur ait été de priver les présidents d'assises et de tribunaux correctionnels, ou même de toutes autres juridictions, du droit de demander le bulletin n° 2 du casier des accusés qu'ils ont à juger. En effet, le projet de loi, tendant à modifier la loi de 1899, présenté au Sénat par le Garde des Sceaux le 4 décembre 1899 ajoute à l'article 4 un alinéa autorisant la délivrance du bulletin n° 2 « aux présidents des tribunaux de commerce pour être joint aux procédures de faillite ». Cela semble bien prouver que cette délivrance existe déjà pour les présidents des juridictions répressives. Nous trouvons un autre argument dans l'alinéa 3 de l'article 4 autorisant la délivrance : « aux administrations publiques de l'Etat en vue de poursuites disciplinaires. » Mais il faut avouer que le législateur aurait pu employer des termes un peu plus larges pour exprimer sa pensée.

2° *Délivrance aux autorités militaires et maritimes.*

L'alinéa 2 de l'article 4 accorde à ces autorités la délivrance des bulletins n° 2 concernant « les appelés des classes ou de l'inscription maritime ainsi que les jeunes gens qui demandent à contracter un engagement ». Dans ce cas la délivrance de cet extrait était en effet nécessaire pour l'application des lois sur le recrutement.

Le système adopté pour la délivrance aux autorités militaires n'a pas varié. Comme avant la loi, les commandants de recrutement dressent des états nominatifs comprenant tous les jeunes conscrits nés dans un même arrondissement et les adressent aux Procureurs de la République qui après vérification au Casier n'envoient aux autorités militaires ou maritimes que les bulletins n° 2 des jeunes gens ayant encouru des condamnations. Depuis 1898, il n'y a plus à distinguer si la condamnation encourue modifie ou non la situation du condamné au point de vue du service militaire. Cette solution est d'ailleurs dans l'esprit de la loi de 1899 qui a posé le principe de l'intégralité du bulletin n° 2.

Pour les engagements volontaires la loi de 1899 modifie le système établi par les circulaires antérieures. En effet d'après ces circulaires c'était l'engagé qui présentait à l'autorité militaire l'extrait de son Casier Judiciaire. Aujourd'hui c'est l'autorité militaire elle-même qui demande au Parquet la délivrance du casier. Ce changement était rendu nécessaire par ce fait que l'extrait délivré à l'intéressé peut ne pas mentionner toutes les condamnations encourues. La même innovation a été introduite par la circulaire du 15 décembre 1899 pour les extraits du Casier Judiciaire concernant les aspirants au grade d'officier de réserve ou de territoriale, et les candidats aux écoles de l'Etat où l'admission entraîne l'engagement volontaire.

3° *Délivrance aux administrations publiques de l'Etat.*

Avant d'examiner les cas limitativement déterminés par l'article 4 (alinéa 3) où il y a lieu de délivrer aux administrations pnbliques de l'Etat le bulletin n° 2, nous essaierons de préciser ce qu'on doit entendre par... *administration publique de l'Etat.* D'après les travaux préparatoires il semble bien que le législateur ait compris dans ces termes seulement les administrations qui soumises à l'ingérence immédiate de l'Etat, dirigées par des fonctionnaires, rétribués, nommés ou agréés par l'Etat, concourent au maintien de l'ordre public, ou répondent à un besoin d'utilité générale. Citons à titre d'exemples : d'abord les différents ministères qui composent l'administration centrale, puis les administrations départementales et municipales. De même les services publics des douanes, postes et télégraphes, etc, etc. Enfin les manufactures et ateliers soumis directement à l'administration de l'Etat. Par contre, il faut exclure de cette dénomination les administrations publiques soumises seulement au contrôle de l'Etat, comme les compagnies de chemins de fer (1), la Banque de France, l'Assistance publique ; les travaux préparatoires sont formels en ce sens.

Les cas où les administrations publiques de l'Etat peuvent obtenir la délivrance du bulletin n° 2 ont, nous l'avons dit, été limitativement déterminés par l'alinéa 3 de l'article 4. Ce droit leur est accordé :

1° Pour les nominations à un emploi public.

2° Pour exercer des poursuites disciplinaires.

3° Pour autoriser l'ouverture d'une école privée.

4° Pour permettre l'exercice des droits politiques.

1° *Nominations à un emploi public.* — La loi n'a pas déterminé ce qu'on doit entendre par emploi public, et la circulaire de la Chancellerie du 15 décembre

1. Autres que celle de « l'Etat ».

1899 nous semble avoir pris ce mot dans un sens un peu étroit. Elle dit en effet : « Les emplois publics pour l'accès desquels les administrations publiques de l'État, sont autorisées à vérifier les antécédents des candidats en se faisant délivrer le bulletin n° 2 ne sont pas seulement les fonctions publiques ressortissant directement à l'Etat mais aussi toutes les fonctions instituées en vue du maintien de l'ordre public comme celles notamment des gardes-champêtres, des gardes des particuliers, des gardes des compagnies de chemins de fer, des préposés d'octroi.

« Tous ces agents quoiqu'ils ne soient pas des fonctionnaires de l'Etat sont officiers de police judiciaire et tiennent cette qualité de la puissance publique qui la leur confère après les avoir nommés ou agréés par la solennité de la réception et du serment. »

La circulaire ajoute qu'il faut assimiler aux gardes, les agents de police qui « quoique ne prêtant pas serment et n'étant pas officiers de police judiciaire doivent être agréés par l'autorité publique et sont des auxiliaires de la police judiciaire ».

Il semblerait donc d'après ces exemples qu'on ne doit considérer comme « emplois publics » que les fonctions ressortissant directement à l'Etat, ou les fonctions instituées en vue du maintien de l'ordre public. Mais nous croyons qu'il faut prendre ce mot dans un sens plus large et considérer en outre comme « emploi public » *tout emploi dans une administration publique de l'Etat* (1) : ce qui permet d'admettre la délivrance des bulletins n° 2 aux directeurs des manufactures de l'Etat pour les ouvriers ou employés de ces établissements et aux proviseurs pour les gens de service de leur lycée. Nous trouvons même dans ce dernier cas un puissant argument en faveur de notre interprétation. En effet l'article 4 par une disposition spéciale admet la délivrance des bulletins n° 2 concernant les gens de services des écoles privées. Il serait étrange qu'il n'en soit pas ainsi pour ceux des écoles de l'Etat.

2° *Poursuites disciplinaires.* — L'article 4 alinéa 3 admet aussi la délivrance du bulletin n° 2 aux administrations publiques s'érigeant en juridictions pour connaître d'une infraction à leurs règlements. Il est évident que dans ce cas elles ont besoin de connaître exactement les antécédents judiciaires de l'individu poursuivi ; et cette disposition n'est en somme qu'une juste extension du droit donné aux magistrats d'obtenir la délivrance du bulletin n° 2.

3° *Ouverture d'une école privée.* — Ce terme « d'ouverture d'une école privée conformément à la loi du 30 octobre 1886 » est assez impropre. La loi a simplement voulu dire qu'elle autorisait la délivrance du bulletin n° 2 à l'autorité académique afin qu'elle puisse contrôler l'application de la loi du 30 octobre 1886 (article 5) qui rend « incapables de tenir une école publique ou

1. En fait, c'est cette interprétation extensive qui a été admise.

privée ou d'y être employés » les individus ayant subi certaines condamnations. Comme les directeurs, professeurs, ou gens de service d'une école privée ne peuvent être considérés comme titulaires d'un « emploi public » la loi a prévu ce cas spécial.

4° *Exercice des droits politiques.* — L'alinéa 4 de l'article 4 en prévoyant ce cas permet aux préfets et aux maires de procéder à la révision des listes électorales et de réparer les négligences qui auraient pu être commises dans l'envoi des duplicata destinés à l'administration.

Mais, comme nous l'avons vu, les bulletins n° 2 délivrés dans ce cas ne sont pas le relevé intégral des bulletins n° 1 ; ils ne doivent mentionner que les condamnations entraînant des incapacités politiques.

Tels sont les seuls cas dans lesquels la loi de 1899 autorise la délivrance du bulletin n° 2. On voit qu'elle a sensiblement restreint la sphère d'application de cet extrait. Désormais le bulletin n° 2 ne peut plus être délivré à titre de renseignement administratif aux sociétés de patronage ni aux autorités municipales pour l'admission dans les sociétés de secours-mutuels. Il ne peut même plus être accordé dans le cas de candidature à une distinction honorifique. Il est vrai que le projet de loi du 4 Décembre 1899 déjà cité propose d'étendre à ce cas spécial la délivrance aux administrations publiques.

CHAPITRE III

Le bulletin N° 3.

Caractères généraux de ce bulletin.

La création du bulletin n° 3 constitue l'innovation la plus importante de la loi de 1899. Jusque-là en effet il n'y avait eu qu'une seule sorte d'extraits du Casier Judiciaire. Tous ces extraits, qu'ils fussent délivrés aux magistrats, aux administrations publiques ou aux intéressés étaient à peu de chose près, la fidèle reproduction du casier lui-même. La loi de 1899 est venue déroger à ce principe : le bulletin n° 3, qui d'après l'article 6 est exclusivement délivrable à l'intéressé, n'est plus le relevé intégral des bulletins n° 1. Les articles 7, 8, et 9 de la loi dispensent en effet certaines décisions judiciaires portées au bulletin n° 1, de l'inscription au bulletin n° 3.

Ces dispenses d'inscription n'ont d'ailleurs pas toutes le même caractère : Il existe une première catégorie de décisions judiciaires qui sont définitivement dispensées d'inscription au bulletin n° 3. Pour certaines autres condamnations, cette dispense n'est que conditionnelle. Enfin une troisième catégorie de condamnations tout en étant d'abord portées au bulletin n° 3, sont susceptibles, en cas de bonne conduite du condamné, de ne plus y figurer au bout d'un certain temps. C'est ce privilège accordé à certaines condamnations qu'on désigne généralement par le terme de : « prescription du bulletin n° 3. »

Le terme est certainement impropre, car ce n'est pas là une véritable prescription ; mais il faut avouer qu'il est assez commode pour désigner cette sorte de péremption conditionnelle accordée par la loi, à certaines mentions du bulletin n° 3.

Après cet exposé des caractères, tout au moins originaux, du nouvel extrait du Casier Judiciaire, il nous reste à examiner les trois catégories de condamnations auxquelles la loi a accordé une situation privilégiée au point de vue de l'inscription sur ce bulletin.

Décisions Judiciaires définitivement dispensées d'inscription au bulletin n° 3.

Les décisions judiciaires définitivement dispensées d'inscription au bulletin n° 3 sont énumérées par les quatre premiers § de l'article 7. Ce sont :

1° « *Les décisions prononcées par l'application de l'article* 66 *du Code Pénal.* » (art. 7 § 1).

Nous avons déjà vu que le cas visé par l'article 66 du Code Pénal, était celui où un mineur de 16 ans dont la culpabilité de fait a été reconnue, est acquitté comme ayant agi sans discernement. Ces acquittements ne doivent jamais être portés sur les extraits délivrés aux intéressés, sans qu'il y ait à distinguer s'ils ont été suivis ou non d'un envoi en correction.

Remarquons d'ailleurs que la loi de 1899 s'est montrée plus sévère pour ces mineurs que les circulaires antérieures. En effet elle ne prononce la dispense d'inscription que pour les bulletins n° 3, tandis qu'avant la loi ces acquittements ne figuraient même pas sur les bulletins délivrés aux administrations publiques.

2° *Les condamnations effacées par la réhabilitation on par l'application de l'article 4 de la loi du 26 mars* 1892 *sur l'atténuation et l'aggravation des peines* » (*art.* 7 § 2).

Avant la loi, les « condamnations effacées par la réhabilitation » n'étaient mentionnées ni sur les extraits délivrés aux administrations publiques ni sur ceux délivrés aux particuliers. L'article 7 plus sévère que les circulaires n'accorde cette dispense qu'au bulletin n° 3 Mais il est évident qu'il faut prendre le mot « *réhabilitation* » dans son sens le plus large et entendre par là, aussi bien la réhabilitation de droit établie par l'article 10 de la loi de 1899 que celle résultant du Code d'Instruction criminelle modifié par la loi du 14 août 1885.

Nous croyons même que quoique le législateur ait employé le mot trop précis de « condamnation », on doit comprendre dans les termes de ce § 2, les déclarations de faillites effacées par la réhabilitation commerciale.

Quant aux condamnations effacées par application de l'article 4 de la loi du 26 mars 1891 » ce sont les condamnations conditionelles prononcées avec sursis contre un délinqant primaire, et effacées par un délai de 5 ans expiré sans que le condamné ait subi une nouvelle condamnation à une peine autre que l'amende.

La loi du 26 mars 1891 avait elle-même prescrit de ne plus mentionner sur les extraits délivrés aux particuliers les condamnations ainsi effacées. La loi de 1899 n'a fait, comme on le voit, que consacrer encore une règle établie.

3° « *Les condamnations prononcées en pays étranger pour des faits non prévus par les lois pénales françaises.* » (art 7 § 3).

Une circulaire du 28 décembre 1893 avait prescrit de ne pas mentionner sur les extraits délivrés aux particuliers les condamnations prononcées à l'étranger. La raison de cette dispense d'inscription, était que ces condamnations n'étaient pas susceptibles d'être effacées par la réhabilitation. L'article 7 moins libéral ne dispense de l'inscription au bulletin n° 3 que les condamnations prononcées pour des faits non prévus par les lois pénales françaises, c'est-à-dire que celles qui n'auraient pas été prononcées si l'accusé eût été jugé en France. Mais l'application de ce § de l'article 7 est excessivement délicate, la qualification pénale des mêmes faits variant beaucoup avec les législations. La recommandation faite par M. le Garde des Sceaux aux Procureurs généraux (1) d'user dans ce cas de la plus grande circonspection, n'est certainement pas superflue.

D'ailleurs l'application de ce § 3 est forcément assez restreinte car les condamnations prononcées à l'étranger ne seront connues en France, qu'autant que le pays dans lequel elles auront été encourues, pratiquera avec la France l'échange des bulletins de condamnations (2).

4° « *Les condamnations pour délits prévus par les lois sur la presse, à l'exception de celles qui ont été prononcées pour diffamation ou pour outrages aux bonnes mœurs, ou en vertu des articles* 23, 24 *et* 25 *de la loi du* 29 *juillet* 1881 ». (art. 7, § 4).

En principe, le § 4 de l'article 7 dispense bien d'inscription au bulletin n° 3 les délits de presse. Mais la fin de ce § apporte de nombreuses exceptions à la règle.

En effet sont exceptées de cette mesure de faveur les condamnations pour délits de presse prononcées : 1° « Pour diffamation ou outrages aux bonnes mœurs ». 2° Pour « cris ou chants séditieux proférés dans des lieux ou réunions publics » (art. 24 § 2 L, 29 juillet 1881). 3° Pour « provocations à des crimes ou délits » (art. 23 et 24, § 1, L. 29 juillet 1881). 4° Pour provocations à l'indiscipline et à la rébellion adressées à des militaires » (art. 25 L. 29 juillet 1881).

1. Cir. Chancellerie, 15 décembre, 99.

2. Nous avons déjà donné la liste de ces pays.

Si l'on examine les délits de presse qui ne se trouvent pas compris dans ces exceptions, on voit que ce sont tous des infractions aux règlements prescrits aux imprimeurs, directeurs, ou gérants de journaux, pour la publication de leurs feuilles ; infractions passibles de peines correctionnelles, mais présentant plutôt, au point de vue moral, les caractères de simples contraventions.

Il est à remarquer que, de toutes les dispenses définitives d'inscription au bulletin n° 3 établies par l'article 7, celle admise en faveur des délits de presse est la seule où la loi de 1899 ait réellement innové.

Décisions Judiciaires conditionnellement dispensées d'inscription au bulletin n° 3.

Les décisions judiciaires énumérées par les trois derniers § de l'article 7 sont également dispensées d'inscription au bulletin n° 3 ; mais il résulte de la combinaison de l'article 9 de la loi, avec cet article 7, que cette dispense n'est que provisoire, ou mieux, conditionnelle. En effet, « en cas de condamnation ultérieure pour crime ou délit à une peine autre que l'amende » ces décisions judiciaires d'abord exemptées d'inscription, doivent être portées au bulletin n° 3. On voit que la loi de 1899 n'a fait que reproduire ici pour l'inscription de ces décisions judiciaires, le système du sursis à l'exécution de la peine, accordé par la loi du 26 mars 1891 pour certaines condamnations prononcées contre des délinquants primaires.

Mais tandis que la loi de 1891 laissait au juge le droit de prononcer ou non le sursis à l'exécution de la peine, la loi de 1899 accorde elle-même le sursis à l'inscription de certaines condamnations, sans qu'il y ait lieu pour le juge de le prononcer.

Les décisions judiciaires dont nous parlons sont donc susceptibles d'être inscrites sur le bulletin n° 3 jusqu'au jour où elles sont effacées par la réhabilitation de droit.

Les condamnations auxquelles la loi accorde cette dispense conditionnelle sont :

1° « *Une première condamnation à un emprisonnement de trois mois ou de moins de trois mois, prononcée par application des articles* 67, 68, *et* 69 *du Code Pénal* ; » (art. 7, § 5).

Ces articles du Code pénal visent le cas où un mineur de 16 ans est condamné comme ayant agi avec discernement, et font bénéficier le mineur, dans ce cas, de « l'excuse atténuante de minorité » qui abaisse la peine dans une certaine mesure. La loi de 1899 s'est montrée également clémente pour les mineurs, en décidant que lorsque la peine prononcée contre eux, pour une première condamnation, ne dépasserait pas trois mois d'emprisonnement, l'inscription de la condamnation au bulletin n° 3 serait suspendue. Mais la loi de 1899 ne parle pas des condamnations à l'amende ; la circulaire du 15 décembre 1899 est venue réparer cet oubli, en décidant qu'en pareil cas les condamnations à l'amende, quel qu'en soit le montant, seraient également dispensées d'inscription.

Etant donné que l'amende vient immédiatement au-dessous de l'emprisonnement dans l'échelle des peines, cette solution s'imposait.

2° « *La condamnation avec sursis à un mois ou moins d'un mois d'emprisonnement, avec ou sans amende* ; » (art. 7 § 6).

Comme dans le § précédent, la loi oublie totalement de parler des condamnations à une simple amende, mais il est évident qu'elles doivent être assimilées aux condamnations à un emprisonnement d'un mois. Donc aux termes de ce § seront conditionnellement dispensées d'inscription au bulletin n° 3: 1° les condamnations avec sursis à une amende quelqu'en soit le montant. 2° les condamnations avec sursis à un emprisonnement n'excédant pas un mois. 3° les condamnations à un emprisonnement n'excédant pas un mois, accompagné d'une amende quelqu'en soit le montant, si le sursis a été prononcé pour les deux peines. Si le sursis n'a été prononcé que pour une des peines, la condamnation devra être mentionnée au bulletin n° 3. Car s'il en était autrement on arriverait à cette solution bizarre : qu'une condamnation à une simple amende sans sursis serait inscrite au bulletin n° 3, alors que la même condamnation, prononcée sans sursis, avec une peine corporelle pour l'exécution de laquelle serait admis le sursis, n'y figurerait pas.

3° « *Les déclarations de faillite, si le failli a été déclaré excusable par le tribunal ou a obtenu un concordat homologué, et les déclarations de liquidation judiciaire* (art. 7 § 7) ».

Telles sont les décisions judiciaires auxquelles le législateur a accordé la dispense conditionnelle d'inscription au bulletin n° 3.

Décisions judiciaires, effacées du bulletin n° 3 par la prescription.

Caractères généraux de la prescription établie par l'article 8.

Nous avons déjà indiqué que certaines condamnations d'abord inscrites au bulletin n° 3 pouvaient en disparaître à l'expiration d'un certain délai écoulé sans qu'il soit intervenu à l'encontre du libéré, de nouvelle condamnation. Ces délais nécessaires pour acquérir la « prescription » de l'inscription au bulletin n° 3 ont comme point de départ, nous dit l'article 8, « *l'exécution complète de la peine.* » Les trois derniers alinéas de cet article ont même prévu quelques hypothèses, où l'application de ce principe pouvait donner lieu à certaines hésitations : « Dans le cas où une peine corporelle et celle de l'amende auront été prononcées « cumulativement, les différents délais prescrits par « le présent article, commenceront à courir à partir

« du jour où ces deux peines auront été complètement « exécutées.

« La remise totale ou partielle, par voie de grâce, « de l'une ou de l'autre de ces peines équivaudra à « leur exécution totale ou partielle.

« L'exécution de la contrainte par corps équivaudra « au payement de l'amende ». (art. 8, *in fine*).

La circulaire de la Chancellerie du 15 décembre 1899 est venue compléter les explications de la loi en déclarant, que la prescription de la peine ne pouvait pas être considérée comme une mode d'exécution et que par conséquent, elle ne faisait pas courir les délais de prescription de l'inscription au bulletin n° 3. La circulaire a également prévu le cas où le condamné aurait obtenu la libération conditionnelle, et déclare que dans cette hypothèse le point de départ du délai se place non pas au jour où intervient la mise en liberté mais à la date qui correspond à l'expiration réelle de la peine. Jusqu'à ce moment, en effet, on ne peut dire que la peine est véritablement exécutée, puisque le condamné peut être incarcéré de nouveau, s'il ne satisfait pas aux conditions imposées par l'arrêté de libération conditionnelle. »

La durée des délais, à l'expiration desquels la prescription de l'inscription au bulletin n° 3 est acquise, a également été fixée par l'article 8 de la loi. Cette durée varie selon l'importance de la condamnation ; et l'article 8 divise, d'après la durée de ces délais, les condamnations auxquelles il accorde le bénéfice de la péremption de l'inscription, en 4 catégories que nous examinerons successivement.

Mais cette dispense d'inscription, acquise à l'expiration d'un délai d'épreuve, n'est pas définitive. Il résulte en effet de la combinaison de l'article 9 de la loi avec l'article 8 que ce n'est qu'une prescription conditionnelle : une « *condamnation ultérieure* pour crime ou délit à une peine autre que l'amende » fait en effet revivre l'inscription effacée par la péremption. Par « condamnation ultérieure » il faut entendre, celle intervenue après que la prescription de l'inscription au bulletin n° 3 est acquise (1). Donc à partir de ce moment, les condamnations à une simple amende ne pourront faire perdre le bénéfice des dispositions de l'article 8, tandis que, comme nous le verrons, la même condamnation prononcée pendant les délais de la prescription, pourra avoir pour but d'empêcher ou tout au moins de retarder la prescription de l'inscription.

Il nous reste maintenant à examiner les condamnations pour lesquelles l'article 8 admet la prescription du bulletin n° 3, ainsi que les différents délais à l'expiration desquels cette prescription est acquise.

1. Cela résulte des travaux préparatoires et particulièrement des explications de M. le Garde des Sceaux Lebret à la séance du Sénat du 7 mars 1899.

1° Condamnations cessant d'être inscrites au bulletin n° 3 après un délai d'un an.

Le § 1er de l'article 8 fait bénéficier de ce délai d'un an « *la condamnation unique à moins de six jours de prison, ou à une amende ne dépassant pas 25 francs ou à ces deux peines réunies, sauf le cas où ces condamnations entraîneraient une incapacité civile ou politique* ».

L'application de ce paragraphe est assez restreinte car la plupart des condamnations qu'il vise entraînent des incapacités.

Ainsi la loi du 21 novembre 1872 déclare « incapables d'être jurés pendant cinq ans seulement, les condamnations à l'emprisonnement de moins de trois mois, pour quelque délit que ce soit, même pour délits politiques ou de presse ». Voilà donc d'une part, toutes les condamnations à l'emprisonnement exclues de la prescription d'un an.

D'autre part, parmi les condamnations à l'amende ne dépassant pas 25 francs, il en est également, qui entraînent des incapacités. Citons celles prononcées pour abus de confiance, ou excitation de mineurs à la débauche qui empêchent d'être juré ; celles pour vagabondage qui empêchent l'inscription sur les listes électorales (1), etc, etc.

1. Une liste complète des condamnations à moins de 25 fr.

Enfin ce paragraphe n'envisage comme peines corporelles que les condamnations « à moins de 6 jours de *prison* ». Or l'emploi, par le législateur de ce terme précis exclut du bénéfice de la prescription annale, toutes peines corporelles autres que l'emprisonnement par exemple les condamnations à 4 jours de cachot ou double-boucle prononcées par l'application du Code de Justice maritime, quoique cette peine prenne place entre l'emprisonnement et l'amende dans l'échelle des peines.

Il faut aussi remarquer que ce § réserve exclusivement le bénéfice de la prescription d'un an aux délinquants primaires : Il dit en effet « la condamnation unique ». Il en résulte que si à la suite d'une première condamnation entrant dans les cas prévus par ce § 1er, il intervient avant l'expiration du délai d'épreuve d'un an, une deuxième condamnation pour crime ou délit, *même à une simple amende* quel qu'en soit le montant, le condamné perdra le bénéfice de la prescription d'un an en voie d'acquisition, tandis que la même condamnation intervenant au bout d'un an ne lui ferait pas perdre le bénéfice de la prescription acquise.

entraînant des incapacités a été dressée par M. le Poittevin dans son *Traité théorique et pratique des Casiers Judiciaires*, V. P. 68.

2° Condamnations cessant d'être inscrites au bulletin n° 3 après un délai de cinq ans.

Le § 2 de l'article 8 dispense de l'inscription au bulletin n° 3, après un délai de cinq ans « *la condamnation unique à six mois ou moins de six mois de prison, ou à une amende, ainsi qu'à ces deux peines réunies.* »

Il est facile de voir que ce § a une portée beaucoup plus générale que le précédent. Il faut cependant remarquer que, comme le § 1er il réserve exclusivement ses dispositions de faveur aux délinquants primaires (1), et qu'il ne parle également comme peines corporelles, que de l'emprisonnement.

Mais toutes les condamnations uniques à l'amende, quel qu'en soit le montant et à l'emprisonnement n'excédant pas 6 mois se trouvent comprises dans ses termes ; par conséquent, les condamnations qui, quoique minimes, ne peuvent bénéficier de la prescription d'un an parce qu'elles entraînent des incapacités.

3° Condamnations cessant d'être inscrites au bulletin n° 3 après un délai de dix ans.

Le § 3 de l'article 8 dispense d'inscription au bulletin n° 3 après un délai de 10 ans « *la condamnation*

1. Ce que nous avons dit plus haut de la condamnation unique s'applique également à ce §.

unique à une peine de deux ans ou moins de deux ans, ou les condamnations multiples dont l'ensemble ne dépasse pas un an ».

Examinons successivement ces deux hypothèses :

A. — « Condamnations uniques à une peine n'excédant pas deux ans ».

Il est à remarquer que dans le § 3 le législateur n'emploie plus le terme restrictif de condamnation à la *prison ;* il se contente de déterminer le taux de la peine corporelle sans tenir compte de sa nature exacte. Il en résulte qu'on doit comprendre dans les termes de ce § 3, outre l'emprisonnement, toutes les peines corporelles dont la durée n'excède pas deux ans, prévues par le code de Justice militaire, et celui de Justice maritime. Citons par exemple : les « travaux publics » (C. J. Mil.) l'« inaptitude à l'avancement » la réduction de grade ou de classe » le « cachot ou double boucle » (C. J. Mar.).

Le § 3 de l'article 8 n'a pas prévu le cas où une condamnation à l'amende serait prononcée accessoirement à une condamnation corporelle n'excédant par deux années. Mais nous concluons par argument *a fortiori* du § précédent qu'une amende ainsi prononcée ne pourrait pas empêcher la prescription décennale de l'inscription.

B. — « Condamnations multiples dont l'ensemble n'excède pas un an. »

Dans le cas où les condamnations subies sont toutes des condamnations corporelles susceptibles d'une évaluation en durée l'application de la deuxième partie du § 3 ne peut soulever aucune difficulté. Mais lorsque parmi ces « multiples condamnations » il y a des condamnations à l'amende l'interprétation devient très délicate. Si l'on s'en tenait à l'interprétation restrictive, il faudrait refuser à ces condamnations le bénéfice de la prescription décennale, puisque le texte ne les mentionne pas. Mais au point de vue logique cette interprétation n'est pas admissible.

En effet comment refuser à plusieurs condamnations à l'amende le bénéfice accordé à de multiples condamnations à l'emprisonnement, peine plus grave que l'amende?

D'ailleurs l'interprétation extensive trouve un puissant argument dans les explications données au Sénat par M. Bérenger qui est l'auteur de cette proposition visant les condamnations multiples. M. Bérenger pour montrer qu'il était équitable d'étendre la prescription décennale de l'inscription au cas de pluralité de condamnations, comparait en effet au délinquant primaire ayant subi un emprisonnement de deux ans « un inculpé qui à la vérité a comparu deux fois, peut-être trois fois devant un tribunal ; mais la première fois il a été condamné à 24 heures de prison, la deuxième il a été condamné à une *amende* ; la troisième il a été condamné à 5 ou 6 jours d'emprisonnement ». (1)

On voit que, dans l'esprit de l'honorable sénateur, les condamnations à l'amende se trouvaient comprises dans ce terme de « condamnations multiples ».

On est donc amené à conclure que cette expression : « *condamnations multiples dont l'ensemble ne dépasse pas un an* » désigne : 1° plusieurs condamnations à des peines corporelles dont le total n'excède pas un an ; 2° plusieurs condamnations à l'amende quel qu'en soit le montant ; 3° plusieurs condamnations corporelles n'excédant pas un an précédées ou suivies de condamnations à l'amende.

Mais il est à remarquer que la condamnation à l'amende, survenant postérieurement à plusieurs condamnations minimes à l'emprisonnement en cours de prescription, aura une certaine influence sur cette prescription ; car si elle n'en fait pas perdre absolument le bénéfice, elle aura, par contre, pour effet de retarder le point de départ du délai nécessaire à l'acquérir.

4° Condamnations cessant d'être inscrites au bulletin n° 3 après 15 ans.

Le § 4 de l'article 8 dispense de l'inscription au bulletin n° 3, quinze ans après l'expiration de la peine

1. Séance du Sénat du 9 décembre 1898.

« *la condamnation unique supérieure à deux ans de prison* ».

Il est évident que les termes de ce § comprennent:

1° Toutes les peines d'emprisonnement supérieures à 2 ans, prononcées tant par application du Code Pénal, que des Codes de Justice militaire et maritime.

2° Toutes les peines corporelles spéciales supérieures à 2 ans, prononcées par application des Codes de Justice militaire et de Justice maritime : par exemple, privation de commandement de trois à cinq ans, travaux publics, au-dessus de deux ans.

3° Toutes les peines corporelles, autres que l'emprisonnement, supérieures à deux ans prononcées par application du Code Pénal : Réclusion, travaux forcés à temps, bannissement et détention.

Mais ce § 3 donne lieu à une difficulé : La prescription qu'il établit peut-elle s'appliquer aux condamnations à des peines perpétuelles (travaux forcés à perpétuité ou déportation) lorsque ces peines sont en fait devenues temporaires par la remise totale ou partielle par voie de grâce ?

M. G. Le Poittevin (1) qui, avant nous, a discuté cette question, soutient la négative. Mais malgré l'autorité qui s'attache à son nom, nous ne partageons par l'opinion de l'éminent magistrat. Monsieur Le Poittevin conclut ainsi :

1. *Traité théorique et pratique des Casiers Judicaires*, V. P 74.

« Au moment où la condamnation a été prononcée, elle avait un caractère perpétuel : pendant toute la vie du condamné elle devait donc figurer sur les bulletins n° 3 qui pouvaient être délivrés, c'était une conséquence nécessaire de l'arrêt. Or la grâce qui est intervenue n'a pu avoir pour effet de la faire disparaître, pas plus qu'elle n'a relevé le condamné des incapacités soit politiques, soit civiles qu'il a encourues ».

Les arguments de M. Le Poittevin ne nous paraissent pas péremptoires : La perpétuité de l'inscription du bulletin n° 3, dit-il, est une conséquence nécessaire de l'arrêt. Sur ce mot de conséquence nécessaire de l'arrêt il faut s'entendre. Ce n'est certainement pas une conséquence juridiquement nécessaire. Car aucun texte ne nous dit que les peines perpétuelles figureront perpétuellement au bulletin n° 3. C'est une simple conséquence matérielle, non, comme le dit M. Le Poittevin, « du caractère perpétuel » de la peine, mais *du fait de cette perpétuité*, qui empêche l'exécution complète de la peine d'intervenir avant la mort du condamné, et par conséquent empêche le point de départ des délais de prescription.

Or du moment où la grâce intervenue supprime le fait de la perpétuité, il est logique que les conséquences du fait de cette perpétuité disparaissent du même coup. Cette solution est d'ailleurs en parfaite harmonie avec l'avant-dernier alinéa de l'article 8 qui dit « la remise totale ou partielle, par voie de grâce de l'une ou de l'autre de ces peines (peine corporelle et amende) équivaudra à leur exécution totale ou partielle ». M. le Poittevin compare, pour appuyer son opinion, l'inscription au bulletin n° 3, aux incapacités, conséquences de la perpétuité de la condamnation. Mais celles-là sont des conséquences juridiques de la perpétuité de la condamnation, tandis que la perpétuité de l'inscription au bulletin n° 3 n'en est qu'une conséquence matérielle. De plus ces incapacités sont de véritables peines accessoires, tandis qu'il serait peut-être téméraire de donner ce caractère à l'inscription au Casier Judiciaire.

Nous croyons donc que les condamnations perpétuelles dans le cas de remise totale ou partielle de la peine sont susceptibles d'être effacées du bulletin n° 3 après un délai de 15 ans.

Quant aux décisions disciplinaires inscrites au Casier, et aux déclarations de faillite, l'article 8 n'en parle pas. Il faut donc conclure à leur maintien au bulletin n° 3 jusqu'à ce qu'elles soient effacées par la réhabilitation.

CHAPITRE IV

La réhabilitation de droit.

Cas d'application et effets de cette réhabilitation.

La réhabilitation de droit établie par l'article 10 de la loi sur le Casier Judiciaire, s'opère par la seule expiration de certains délais écoulés « sans que le condamné ait subi de nouvelles condamnations à une peine autre que l'amende ». Le point de départ de ces délais d'épreuve est le même que celui des délais fixés par l'article 8, c'est-à-dire *l'exécution complète de la peine*. La Circulaire de la Chancellerie du 15 décembre 1899 a cru devoir ajouter que les modes d'exécution de la peine admis pour donner droit à la réhabilitation, seraient les mêmes que ceux qui peuvent servir de base à la prescription du bulletin n° 3. C'était à notre avis inutile, puisque sur tous ces points l'article 10 renvoie explicitement à l'article 8.

La simple lecture de l'article 10 montre d'ailleurs qu'il existe une étroite corrélation entre la réhabilitation de droit et la prescription établie par l'article 8. Aux termes de l'article 10, la réhabilitation n'est admise que pour les cas prévus par l'article 8. Il en résulte que la réhabilitation de droit ne peut effacer ni les décisions disciplinaires, ni les déclarations de faillite, dont l'article 8 n'a pas parlé. C'est là, d'ailleurs, une étrange anomalie sur laquelle nous aurons l'occasion de revenir.

Une difficulté plus sérieuse naît de ces mots de l'article 10 : « *dans le cas prévu par l'article 8* ». En effet doit-on simplement entendre comme nous l'avons déjà dit que la réhabilitation de droit ne peut être admise que pour les condamnations prévues par l'art. 8 et par conséquent *susceptibles* de prescription au bulletin n° 3 ? Ou bien faut-il dire que la réhabilitation ne peut produire ses effets qu'à l'égard des condamnations *déjà effacées* du bulletin n° 3 par la prescription ? Cette question a une grande importance car tandis qu'une deuxième condamnation même à l'amende fait perdre le bénéfice de la prescription du bulletin n° 3, ou tout au moins retarde cette prescription, la même condamnation à l'amende n'a aucune influence sur la réhabilitation de droit. On voit donc que si l'on subordonne la réhabilitation de droit à la prescription du bulletin n° 3 on restreint sa sphère d'application.

Sur ce point les termes de l'article 10 sont absolument ambigus. Quant aux travaux préparatoires, nous n'y avons rien trouvé qui puisse justifier l'une ou l'autre interprétation.

Nous en sommes donc réduits à accepter, pour ce qu'elle vaut, l'interprétation donnée par M. le Garde des

Sceaux Monis, dans sa circulaire du 15 décembre 1899, qui dit en parlant de la réhabilitation de droit : « *Cette dernière faveur doit être nécessairement précédée de la prescription des mentions...* »

Mais nous avons remarqué dans la même circulaire une contradiction implicite de cette interprétation : On sait en effet que la loi de 1899 (art. 12) n'accorde à l'étranger le bénéfice de la prescription de l'art. 8 que « si dans son pays d'origine une loi ou un traité réserve aux condamnés Français des avantages analogues ». Or la circulaire du 15 décembre, commentant cet article ajoute que « la condition de réciprocité ne doit être « exigée que pour les dispenses prévues par les arti- « cles 7 et 8 de la loi. Lorsque l'absence de toute « mention doit résulter de la réhabilitation du code « d'Instruction Criminelle ou de la réhabilitation de « droit *il ne peut être fait aucune distinction entre « le Français et l'Étranger* vis-à-vis duquel le légis- « lateur n'a pas restreint les conséquences de la réha- « bilitation ». La circulaire admet donc que la réhabilitation de droit peut être acquise à un étranger qui n'aura pas pu prescrire l'inscription au bulletin n° 3. En d'autres termes la réhabilitation de droit ne sera pas dans ce cas précédée de la prescription des mentions du bulletin n° 3.

Il nous semble difficile d'accorder une grande valeur à l'interprétation donnée par une circulaire émaillée de telles contradictions.

Quant aux effets de la réhabilitation de droit ils sont absolument les mêmes que ceux de la réhabilitation prononcée par application des articles 619 et suivants du Code d'Instruction Criminelle modifiés par la loi du 14 août 1885.

Il nous reste maintenant à examiner quels sont les délais nécessaires à l'acquisition de la réhabilitation de droit. Ces délais dont nous avons déjà indiqué le point de départ ont été répartis d'après le mode de classification de l'article 8, suivant l'importance des condamnations encourues.

L'article 10 a distingué d'après ce principe trois délais distincts.

1° *Delai de dix ans* (art. 10, alinéa 1).

A l'expiration de ce délai, la réhabilitation est acquise pour toute condamnation unique : (A) soit à l'emprisonnement n'excédant pas six mois. (B) soit à une amende quel qu'en soit le taux.(C) soit à ces deux peines réunies. Toutes ces condamnations sont en effet prévues comme l'exige l'article 10 par l'article 8 1° et 2°.

2° *Délai de quinze ans* (art. 10, alinéa 2).

La réhabilitation est acquise après ce délai : A. Pour toute condamnation unique à une peine corporelle dont la durée n'excède pas deux ans et cela quoiqu'une amende ait été prononcée cumulativement. B. Pour toutes condamnations à des peines corporelles, dont l'ensemble ne dépasse pas un an, et quoiqu'il soit intervenu des condamnations à l'amende même prononcées séparément (condamnations prévues par l'art. 8, 3°).

3° *Délai de vingt ans* (art. 10, alinéa 3).

La réhabilitation est acquise après ce délai pour toute condamnation unique à une peine corporelle dont la durée dépasse deux ans (cas prévu par l'art. 8, 4°).

Telles sont les règles générales de la réhabilitation de droit. L'article 10 a également réglé la procédure à suivre pour l'obtenir. Mais cet article ne prévoit que le cas où il y a contestation sur le droit à la réhabilitation. D'après les termes de la circulaire de la Chancellerie, il nous semble que lorsqu'un condamné croit avoir droit à la réhabilitation, il n'a qu'à s'adresser au greffe de son arrondissement natal afin de s'en assurer le bénéfice. Si le greffier et le procureur de la République ne font pas droit à sa demande et refusent de mentionner la réhabilitation au casier « le demandeur « pourra », aux termes de l'article 10 de la loi, « s'adres- « ser au tribunal du lieu de son domicile dans les for- « mes et suivant la procédure, prescrites à l'article 14.

« Le jugement rendu sera susceptible d'appel et de pourvoi en cassation. » Nous n'insistons pas sur les détails de cette procédure qui est celle de la demande en rectification du Casier Judiciaire, que nous aurons bientôt l'occasion d'examiner.

CHAPITRE V

Les erreurs ou fraudes commises dans les Casiers Judiciaires.

Les erreurs susceptibles de se glisser dans les différents bulletins du Casier Judiciaire peuvent provenir de trois causes :

1° Faux état-civil pris par un prévenu qui s'est fait condamner sous un nom d'emprunt.

2° Erreurs commises dans la minute du jugement de condamnation.

3° Rédaction inexacte des différents bulletins du Casier.

Mais avant d'étudier les mesures prises par la loi de 1899 pour prévenir et réparer ces erreurs, il ne nous semble pas inutile de faire un examen rétrospectif de cette question spéciale que nous avons négligée dans la première partie de notre travail.

Avant la loi de 1899 les erreurs commises dans les Casiers Judiciaires n'étaient prévues par aucun texte législatif spécial, et cette lacune donnait lieu à de nombreuses difficultés. En effet si dans le cas de rédaction inexacte du casier, due à l'inadvertance d'un greffier, les rectifications de Casier s'opéraient par simple ordre du Parquet, la solution était loin d'être aussi simple pour les deux autres cas susénoncés, (V. plus haut 1° et 2°) où la rectification devait être faite judiciairement.

En effet, dans ces deux cas, quel était le tribunal compétent pour cette rectification?

La cour de Cassation, partant de ce principe que « le tribunal qui prononce une condamnation doit s'assurer de l'identité de l'individu, et doit par suite résoudre toutes les difficultés qui s'y rattachent » (1) attribuait cette compétence au tribunal ou à la Cour qui avait prononcé la condamnation.

« Mais une grave difficulté surgissait dans la pratique par suite de la disposition de l'article 519 du code d'Instruction Criminelle qui exige à peine de nullité la présence du condamné à l'audience » (2). En effet dans les cas où l'erreur était due à une dissimulation d'identité, si le condamné qui avait pris un faux-nom ne pouvait être amené à l'audience la rectification était-elle possible?

« La Jurisprudence était très hésitante (3) ».

De plus dans le même cas de dissimulation d'identité le condamné qui avait pris un faux-nom ne pouvait être poursuivi que dans le cas où cette dissimula-

1. Mironesco, *Le casier Judiciaire*. (thèse Paris 1898).

2. id.

3. id.

tion constituait un « faux ». Or en fait, il arrivait souvent que le « faux » n'existait pas aux termes du Code Pénal, par exemple si le condamné n'avait pas signé. Même au cas où il avait signé, la Jurisprudence n'admettait pas toujours le faux. Pour qu'il y ait faux, disait-elle, il fautque l'individu ait signé d'un nom qu'il savait appartenir à un tiers. On comprend que dans la plupart des cas la preuve de cet élément intentionnel était impossible à faire.

La loi de 1899 a comblé la plupart de ces lacunes en édictant des peines spéciales contre la dissimulation d'identité et en posant les règles générales de la procédure à suivre pour les rectifications de casiers.

Répression de la dissimulation d'identité.

L'article 11 de la loi déclare : « *Quiconque, en prenant le nom d'un tiers, aura déterminé l'inscription au Casier de ce tiers d'une condamnation sera puni de six mois à cinq ans d'emprisonnement, sans préjudice des poursuites à exercer pour le crime de faux, s'il y échet* ».

Cet article a fait de la dissimulation d'identité un délit spécial punissable de six mois à cinq ans de prison.

Mais pour qu'il y ait délit il faut que le prévenu ait pris le nom d'un tiers et ait déterminé une inscription au Casier de ce tiers. Le fait de prendre un nom supposé et d'abuser la justice sans nuire à personne n'est donc pas punissable. Mais il faut remarquer d'autre part, que dans tous les cas où le prévenu aura déterminé une inscription au Casier d'un tiers, il tombera sous le coup de l'article 11, sans qu'il y ait à examiner s'il savait ou non que le nom supposé dont il se servait appartenait à un tiers. L'élément intentionnel exigé par la Jurisprudence antérieure ne l'est donc plus désormais.

La partie finale de ce premier alinéa de l'article 11 porte « sans préjudice des poursuites à exercer pour le crime de faux s'il y échet ».

M. G. Le Poittevin dans son *Traité théorique et pratique des Casiers Judiciaires* a très vivement critiqué cette disposition qu'il accuse d'être en contradiction avec le début de l'article. Il est certain que la rédaction est un peu obscure, mais les travaux préparatoires l'éclairent suffisamment. Il résulte des travaux de la Commission extraparlementaire que le but du législateur n'était point de correctionnaliser dans certains cas le crime de faux. Les dispositions de la première partie de l'article 11, a dit notre maître M. Léveillé (1) « s'appliquent au cas où l'inculpation « de faux ne serait pas caractérisée mais où cependant « l'inscription sous un nom autre que celui du condam- « né aurait eu lieu par suite de déclarations sciemment « fausses ».

1. Séance de la Commission extraparlementaire du 29 mai 1891.

Nous pouvons maintenant déterminer la sphère d'application du code pénal et celle de l'article 11 :

1° Toutes les fois que la dissimulation d'identité à l'aide du nom d'un tiers, présentera les éléments constitutifs du crime de faux, il y aura poursuite criminelle en vertu du code pénal.

2° Toutes les fois que la dissimulation d'identité tout en entraînant une inscription au Casier d'un tiers ne constituera pas aux yeux du Code Pénal un faux, il y aura poursuite correctionnelle en vertu de l'article 11 de la loi de 1899.

Ce même article 11 ajoute : « *Sera puni de la même peine celui qui par de fausses déclarations relatives à l'état civil d'un inculpé aura sciemment été la cause de l'inscription d'une condamnation sur le casier judiciaire d'un autre que cet inculpé.* »

Cet alinéa était inutile car il ne fait que prévoir un cas spécial de complicité, qui se trouve compris dans les termes de l'article 60 du Code Pénal.

Mais le troisième alinéa a établi un nouveau délit spécial ; il dit en effet : *quiconque en prenant un faux nom ou une fausse qualité se fera délivrer le bulletin n° 3 d'un tiers sera puni d'un mois à un an d'emprisonnement.* »

Il faut remarquer que si dans ce cas, se retrouvaient les éléments constitutifs du crime de faux, il y aurait lieu à poursuite criminelle.

Enfin l'alinéa final de l'article 11 déclare que dans

tous ces cas les circonstances atténuantes pourront être admises.

Rectification du Casier Judiciaire.

La procédure à suivre pour faire rectifier des mentions erronées portées au casier judiciaire d'un individu a été réglée par l'article 14 de la loi ainsi conçu :

« *Celui qui voudra faire rectifier une mention* « *portée à son casier judiciaire présentera requête* « *au président du tribunal ou de la cour qui aura* « *rendu la décision.*

« *Le Président communiquera la requête au minis-* « *tère public et commettra un juge pour faire le rap-* « *port.*

« *Le tribunal ou la cour statuera en audience pu-* « *blique sur le rapport du juge, et les conclusions* « *du ministère public. Le Tribunal ou la Cour pourra* « *ordonner d'assigner la personne, objet de la con-* « *damnation* (1).

« *Dans le cas où la requête est rejetée, le requé-* « *rant sera condamné aux frais.*

« *Si la requête est admise les frais seront suppor-* « *tés par celuiqui aura été la cause de l'inscription* « *reconnue erronée s'il a été appelé dans l'instan-* « *ce* (2).

1. De même le tribunal ou la cour pourra procéder à tous les actes d'instruction jugés nécessaires.

2. « La loi nedit pas qui supportera les frais si la requête est

« *Le ministère public aura le droit d'agir d'office*
« *dans la même forme en rectification du Casier Ju-*
« *diciaire*

« *Mention de la décision rendue sera faite en marge*
« *du jugement ou de l'arrêt visé par la demande en*
« *rectification.*

« *Ces actes, jugements et arrêts seront dispensés du*
« *timbre et enregistrés gratis* ».

La Circulaire de la Chancellerie du 15 Décembre 1899 a déterminé la sphère d'application de cette procédure spéciale ; cette circulaire dit en effet : « Malgré la géné-
« ralité des termes employés par le § 1er de l'article 14
« il résulte du contexte même des autres § et du com-
« mentaire de cet article par le rapporteur de la loi au
« Sénat que la procédure de cet article s'applique uni-
« quement au cas où la mention erronée portée au
« Casier Judiciaire, provient de ce qu'une condamna-
« tion prononcée sous le nom d'une personne ne lui
« est en réalité, pas applicable. La rectification du
« Casier n'est que la conséquence d'une rectification
« préalable de l'arrêt ou du jugement ».

La procédure prescrite par l'art. 14 est donc en définitive applicable : 1° Lorsque l'inscription erronée est

admise et si celui qui a été la cause de l'inscription n'a pas été appelé au procès ; il faut en conclure qu'en ce cas conformément aux principes généraux, les frais resteront à la charge du Trésor ». (Le Poittevin. *Traité th. et pr. des Casiers Judiciaires.*)

due à ce qu'un inculpé a pris devant ses juges le nom d'un tiers. 2° Lorsque l'inscription est due à l'inadvertance du magistrat qui a mal rédigé la minute de l'arrêt ou du jugement. Car dans ce cas la rectification du casier sera également « la conséquence d'une rectification préalable de l'arrêt ou du jugement ». Mais il est évident que ce cas sera extrêmement rare.

Dans le cas où la mention erronée serait due à une rédaction inexacte du greffier, la rectification se fera comme avant la loi sur les ordres du Parquet qui d'ailleurs ayant mission de contrôler l'œuvre du greffier, laissera rarement échapper une erreur de ce genre.

Il faut enfin remarquer que cette procédure spéciale de l'article 14 ne s'applique qu'aux rectifications du Casier Judiciaire lui-même c'est-à-dire du bulletin n° 1. Les termes de la circulaire de la Chancellerie déjà citée le prouvent suffisamment. Quant aux erreurs qui peuvent se glisser dans la rédaction des bulletins n° 2 et n° 3, elles seront réparées administrativement sur la réclamation de l'intéressé, ou sur celle du Parquet s'il découvre l'erreur.

Mais étant donnée la complexité de la loi il peut arriver qu'il y ait contestation entre l'intéressé et le Parquet, sur le point de savoir si telle condamnation inscrite au bulletin n° 1 doit figurer au bulletin n° 3. Dans ce cas, si le Procureur de la République admet que la condamnation doit être portée au bulletin n° 3 il est évident que sa décision ne doit pas être sans appel, et que l'intéressé a le droit de porter la question devant un tribunal.

Quel sera alors le tribunal compétent ? La loi ne l'a point dit. Mais M. G. Le Poittevin a examiné cette difficulté dans son *Traité théorique et pratique des Casiers Judiciaires* et nous nous rallions à l'opinion de l'éminent magistrat qui s'exprime ainsi : « A notre « avis il faudra appliquer à défaut de textes spéciaux « les règles générales. Le tribunal civil du lieu d'o- « rigine nous paraît dès lors, seul compétent pour « statuer sur cette question puisqu'il a la plénitude de « juridiction et qu'il connaît de toutes les affaires, « sauf de celles qu'un texte spécial a attribuées à d'au- « tres juges ».

Nous devons ajouter que M. le Garde des Sceaux dans son « projet de loi du 4 octobre 1899 tendant à modifier la loi du 5 août 1899 » propose de combler cette lacune, en accordant au tribunal correctionnel du lieu du domicile de l'intéressé, la connaissance des contestations relatives aux énonciations des bulletins n° 3, et en étendant à ce cas les règles spéciales édictées par l'article 14.

TROISIÈME PARTIE

ÉTUDE CRITIQUE DE LA LOI DU 5 AOUT 1899.

CHAPITRE I

Modifications apportées par la loi de 1899 aux énonciations du bulletin n° 1.

Les premiers articles de la loi, qui règlent l'organisation générale du Casier Judiciaire et le contenu des bulletins n° 1, n'offrent au point de vue critique qu'un médiocre intérêt. En effet sur tous ces points, le législateur n'a guère fait que consacrer les règles précédemment établies par les circulaires : aussi n'y trouvons-nous à discuter que quelques innovations de détail que le législateur a faites ou aurait pu faire.

En ce qui concerne les décisions judiciaires donnant lieu à la rédaction d'un bulletin n° 1, la seule innovation de la loi qui mérite d'être signalée, est d'avoir prescrit de porter au casier « les condamnations à une simple amende prononcées à la requête d'une administration publique par un tribunal correctionnel ».

Nous approuvons entièrement la décision du législateur sur ce point. Car ces infractions constituent des fraudes au préjudice de l'État ayant presque toujours les caractères du vol. L'opinion publique, il est vrai, a le tort de ne pas assez réprouver de semblables délits, mais ce n'est pas une raison pour que le législateur ne les réprime pas. Etant donné d'ailleurs que de semblables condamnations prononcées en matière de chasse et de pêche étaient déjà portées au Casier Judiciaire nous trouvons parfaitement juste que la loi ait mis tous ces délits-contraventions sur le pied de la plus parfaite égalité.

Pour les amendes dépassant 1000 francs, on peut ajouter que cette solution s'imposait depuis la loi du 8 décembre 1883 qui déclare incapables de participer aux élections consulaires les commerçants condamnés « à une amende de plus de mille francs pour infraction aux lois sur les douanes, les octrois, et les contributions indirectes » (art. 2-6°). Il était en effet nécessaire de pouvoir facilement constater de telles condamnations.

La commission extra-parlementaire avait également décidé de faire figurer au Casier les « *déchéances de la puissance paternelle* (1) » même dans les cas où elles seraient prononcées à titre principal. Mais lorsque l'article 1er revint en discussion au Sénat à la séance du 8 décembre 1898, M. le Garde des sceaux Sarrien de-

1. Loi du 24 juillet 1889.

manda et obtint la suppression de cette disposition sous prétexte que « la déchéance de la puissance paternelle n'était pas une condamnation ». M. Jouvenet dans sa thèse sur le Casier Judiciaire a justement critiqué cette décision :

« L'argument invoqué par le ministre » dit-il « était « d'une faiblesse extrême et n'aurait certainement pas « résisté à la controverse. Sans doute la déchéance de « la puissance paternelle n'est pas une condamnation « criminelle ou correctionnelle ; mais le Casier est-il « donc réservé aux seules décisions de ce genre? Nous « avons vu qu'il comprenait même les jugements des « tribunaux de commerce, les mesures de discipline « judiciaire et administrative, les amendes prononcées « à la requête de certaines administrations et qui dans « bien des cas constituent plutôt des réparations civiles».

Il nous semble que la déchéance dont il s'agit ici, présente un caractère autrement grave, et qu'elle inflige une flétrissure morale qu'il y avait intérêt à consigner au Casier. Le juge aurait pu y trouver plus tard une indication précieuse au point de vue de l'application des peines ».

Nous croyons également que la loi eût dû prescrire l'inscription de ces déchéances même dans le cas où elles ne sont pas l'accessoire d'une condamnation criminelle (1) mais sont prononcées à titre prin-

1. Dans ce cas elles sont portées au bulletin qui constate la condamnation criminelle.

cipal par application de l'article 2 § 6 de la loi du 24 juillet 1889.

Nous relevons aussi dans l'article 2 de la loi de 1899 une disposition qui nous semble difficile à justifier. Cet article prescrit en effet de mentionner sur le bulletin n° 1 constatant une condamnation, la réhabilitation prononcée pour cette condamnation, tandis qu'il ordonne d'extraire du Casier le bulletin n° 1 constatant une condamnation effacée par une amnistie. Cette différence entre la réhabilitation et l'amnistie nous paraît injuste ; car presque toujours le condamné qui aura obtenu la réhabilitation judiciaire ou commerciale sera tout aussi digne d'intérêt que celui qui a bénéficié d'une amnistie.

M. Bérenger avait d'ailleurs fait, avant nous, remarquer cette anomalie à la Commission extra-parlementaire chargée de préparer un projet de loi.

Mais on lui avait répondu que la distinction faite entre la réhabilitation et l'amnistie au point de vue du Casier Judiciaire était une conséquence de la nature juridique différente des deux institutions; en effet tandis que la réhabilitation n'est que « la restitution d'état du condamné et l'abolition des incapacités de droit résultant de la sentence » l'amnistie « efface la condamnation et même la criminalité du fait qui l'a motivée ».

Nous ne contestons point cette différence de nature entre la réhabilitation et l'amnistie. Mais en nous plaçant toujours sur le terrain juridique, nous répondrons qu'en ce qui concerne la réhabilitation prononcée en vertu du Code d'Instruction Criminelle l'argument ne porte pas. En effet l'article 634 du Code d'Instruction Criminelle modifié par la loi du 14 Août 1885 dit en propres termes : « *La réhabilitation efface la condamnation* ». Puisque la condamnation est bien « effacée » il nous semble qu'il serait logique de faire disparaître du Casier le bulletin qui la constate, et de le classer aux archives, comme celui de la condamnation effacée par l'amnistie.

Quoique nous ne puissions invoquer le même argument de texte en faveur de la réhabilitation commerciale, elle nous semble présenter assez de garanties pour qu'on puisse également lui accorder cette mesure d'équité.

Au point de vue pratique nous croyons que le législateur eût été bien inspiré en adoptant cette solution. Car ayant admis le principe de l'intégralité absolue des bulletins n° 2 même dans le cas de délivrance aux administrations publiques, il se trouve donner une certaine publicité à ces condamnations effacées par la réhabilitation, qu'il eut été plus équitable de tenir secrètes.

Telles sont les seules critiques un peu générales, que nous inspirent les premiers articles de la loi. Quant aux imperfections de rédaction, et autres critiques de détail, nous les avons déjà signalées dans notre étude analytique.

CHAPITRE II

Restriction des cas de délivrance du bulletin n° 2.

Pour restreindre la publicité du Casier Judiciaire dont on lui signalait les inconvénients, le législateur a cru devoir faire une distinction entre ses extraits, selon qu'ils seraient délivrés aux magistrats et administrations publiques de l'État, ou destinés à leurs titulaires.

Il prescrit en effet de mentionner sur les premiers, toutes les décisions judiciaires portées au bulletin n° 1 quel que soit leur caractère, tandis qu'il admet en faveur des condamnations légères ou excusables, des exemptions d'inscription sur les extraits délivrés aux particuliers.

Cette mesure souleva même au sein du Sénat de vives critiques. Outre la sincérité du Casier Judiciaire que la création du bulletin n° 3 détruisait, on reprochait au législateur d'accorder à l'État un privilège qui ne se justifiait pas. Cette critique nous semble, en principe, exagérée. Nous admettons très bien qu'on accorde le privilège de la connaissance « *exacte* » des antécédents judiciaires aux magistrats ainsi qu'aux fonctionnaires chargés de veiller à l'application des lois, et par conséquent qu'on leur délivre un extrait intégral du Casier Judiciaire. Mais il est certain que le législateur n'a pas apporté dans la détermination des règles de délivrance de ce bulletin n° 2 toute la netteté et la précision désirables.

L'alinéa 3 de l'article 4 accorde en effet « *aux administrations publiques de l'État saisies de demandes d'emplois publics* » la délivrance du bulletin n° 2.

Nous admettrions très bien ce privilège accordé aux administrations publiques de l'État, si on ne comprenait dans ce terme d' « *emplois publics* » que les emplois dont les titulaires sont vraiment des fonctionnaires de l'Etat, des officiers de police judiciaire ou même de simples agents de l'autorité publique. C'est d'ailleurs là l'interprétation donnée par M. le Garde des Sceaux dans sa circulaire du 15 décembre 1899.

Mais en fait, les renseignements que nous avons pris auprès de personnes chargées d'appliquer la loi nous permettent d'affirmer que le bulletin n° 2 est délivré aux administrations publiques de l'État pour toute demande d'emploi, quel qu'il soit, dans ces administrations. Ainsi avant d'embaucher un ouvrier dans un arsenal une manufacture ou un chantier de construction de l'État, le directeur se fait délivrer le bulletin n° 2 de son Casier Judiciaire.

Cette extension des termes de la loi nous semble dans ce cas constituer en faveur de l'État un privilège tout à fait injustifiable, et conduit en pratique à des distinctions bien arbitraires. Ainsi une Compagnie de chemins de fer, telle que celles du Nord ou d'Orléans ne pourra obtenir que le bulletin n° 3 de ses employés, tandis que la Compagnie des Chemins de fer de l'État obtiendra le bulletin n° 2. De même l'État obtiendra la connaissance exacte des antécédents judiciaires d'une cigarière employée dans une manufacture de l'État, tandis que l'Assistance publique devra se contenter pour les infirmières qu'elle emploie, des références incomplètes que leur fournira le bulletin n° 3.

Il est facile de voir à quelles distinctions arbitraires donne lieu l'extension de ce terme trop vague d' « emploi public » dont s'est servi le législateur.

Par contre cette même expression n'a pas toute la compréhension désirable et on ne peut considérer comme « nominations à des emplois publics » les nominations à des distinctions honorifiques. Aussi la Chancellerie de la Légion d'Honneur ne peut-elle se procurer que le bulletin n° 3 des personnes proposées pour la Croix. M. le Garde des Sceaux Monis, a compris qu'il était essentiel « que ces distinctions ne puissent s'égarer sur des personnes ayant encouru certaines condamnations qui bien que non inscrites au bulletin n° 3 portent atteinte à l'honneur et à la considération. » Aussi a-t-il proposé, dans le Projet de loi tendant à modifier la loi du 5 août 1899, présenté au Sénat le 4 décembre 1899, d'accorder également la délivrance du bulletin n° 2 aux administrations publiques de l'État.., « pour l'instruction de demandes ou propositions relatives à des distinctions honorifiques. »

Mais la modification proposée par M. le Garde des Sceaux si elle comble une lacune de ce § 3 n'en laisse pas moins subsister le manque de précision.

Il serait à souhaiter pour mettre fin à ces extensions que nous jugeons arbitraires que le législateur supprimât ce terme d' « emplois publics » et déterminât d'une façon plus stricte les emplois pour lesquels les administrations publiques de l'Etat auraient droit à la connaissance exacte des antécédents judiciaires.

Nous devons ajouter aussi que la réglementation de la délivrance des bulletins n° 2 établie par l'article 4 présente quelques lacunes que le projet de loi du 4 décembre déjà cité a relevé, et proposé de réparer. Ainsi l'article 4 de la loi n'autorise la délivrance du bulletin n° 2 qu'aux magistrats « du Parquet et de l'Instruction » ce qui exclue les présidents des tribunaux de commerce. Il faut avouer que le législateur à qui nous reprochions plus haut de manquer de précision en a montré un peu trop dans ce cas. De même la Préfecture de Police qui puise dans le Casier Judiciaire les éléments nécessaires à la confection de ses « sommiers » ne se trouve pas comprise dans les termes de la loi. En fait la délivrance des bulletins n° 2 a toujours lieu dans ce cas ; mais elle est devenue depuis la loi du 5 août, illégale.

Enfin la loi nous semble avoir poussé trop loin le principe de l'intégralité du bulletin n° 2. Nous avons vu en effet que sous le régime des circulaires les réhabilitations et les acquittements des mineurs de 16 ans prononcés par application de l'article 66 du Code Pénal n'étaient pas inscrits aux bulletins n° 2 délivrés aux administrations publiques. Nous pensons que pour faciliter le reclassement de ces libérés, en somme dignes d'intérêt, le législateur de 1899 eût pu sans inconvénients, user de la même réserve.

Force probante du bulletin n° 2.

Au sujet du bulletin n° 2 il y aurait peut-être un dernier reproche à adresser au législateur. C'est de n'avoir pas réglé la force probante de cet extrait. On sait en effet, que c'est le bulletin n° 2 du Casier qui sert le plus souvent à établir la preuve de la récidive.

Nous avons vu qu'avant la loi, la Cour de Cassation avait jugé que c'était là une preuve insuffisante, tout au moins lorsqu'il s'agissait d'appliquer la relégation et avait ordonné de joindre dans ce cas au dossier des extraits réguliers des jugements ou arrêts prononçant les condamnations à prouver. Il y avait donc grand intérêt pour la célérité de la justice à accorder au bulletin n° 2 du Casier, une valeur propre au point de vue de la preuve.

Quoique le législateur ne se soit pas expliqué sur ce point, nous ne croyons pas que la loi de 1899 soit restée sans influence sur la force probante du Casier Judiciaire et spécialement du bulletin n° 2. En effet, d'après le rapport du conseiller Tanon, si la cour de Cassation n'avait pas admis que les insertions du Casier pussent à elles seules constituer la preuve de la récidive c'était uniquement parce que : « l'institution du Casier Judiciaire, quelle que fût son importance avait été organisée administrativement et n'avait pas reçu de sanction législative, et qu'ainsi ses extraits ne constituaient que de simples renseignements ».

Il est évident qu'à ce point de vue la loi de 1899 a modifié la force probante du Casier Judiciaire et nous croyons que la Cour suprême devra, pour être d'accord avec elle-même, déclarer que le bulletin n° 2 est désormais suffisant pour prouver la récidive.

Cette solution nous paraît d'ailleurs conforme aux principes : car le bulletin n° 1 est un acte dressé par un officier public conformément aux prescriptions de la loi, d'après les énonciations d'un acte authentique : la minute du jugement.

Il nous semble donc avoir également les caractères

d'un acte authentique. Quant au bulletin n° 2, ce n'est pas une simple copie du bulletin n° 1 mais un acte dressé également par un officier public, dans une forme réglée aussi par la loi ; il nous semble donc avoir la même valeur.

D'ailleurs si l'on refuse au bulletin n° 2 le caractère de l'authenticité, nous croyons qu'on doit malgré tout lui accorder la même force probante qu'à l'extrait du jugement. Car c'est en somme une copie de l'acte authentique qu'est la minute du jugement ; et l'article 1334 du Code Civil qui règle la force probante des copies d'actes authentiques quand le titre original subsiste, (ce qui est bien notre cas) ne fait aucune différence entre les premières expéditions, et les autres copies. Cet article dit en effet que la représentation de l'acte authentique peut toujours être exigée. Nous ne voyons pas alors pourquoi on ne joindrait pas aux dossiers des récidivistes leur bulletin n° 2 au lieu des extraits des jugements ou arrêts de condamnation.

Mais il eût été beaucoup plus simple et plus rationnel que le législateur s'expliquât sur la force probante qu'il entendait accorder au bulletin n° 2 du Casier judiciaire.

CHAPITRE III

Création du bulletin n° 3 et Restrictions admises aux mentions de cet extrait.

La création du bulletin n° 3 avec les restrictions apportées à la publicité et à la perpétuité de ses mentions, est certainement la partie la plus discutée de l'œuvre du législateur.

Lors de la discussion des articles 7 et 8 au Sénat, de vives controverses s'élevèrent sur le point de savoir si cette demi-clandestinité du casier judiciaire était en principe acceptable. Certains membres du Sénat s'élevèrent avec indignation contre une telle mesure qui détruisait, disaient-ils, la « sincérité » du Casier, principe essentiel de l'institution.

Pour nous, ce principe si souvent invoqué au cours des débats parlementaires, n'est qu'un mot : en droit, le principe de la sincérité du casier lui-même n'a jamais été que relatif puisqu'on n'a jamais mentionné au casier, toutes les infractions. En fait il a toujours été admis certaines restrictions à la sincérité de ses extraits, et nous ne voyons aucune raison essentielle empêchant d'étendre ces exceptions.

Il est certain qu'ainsi compris, le casier judiciaire ne fournit plus aux particuliers des renseignements aussi exacts ; mais en somme ce n'est là qu'une utilité accessoire de l'institution, et devant les dangers sociaux de cette trop complète divulgation des antécédents judiciaires, nous comprenons parfaitement qu'on sacrifie à l'intérêt général, l'intérêt particulier.

Nous admettons donc en principe les restrictions à l'intégralité des extraits du casier judiciaire. Mais les applications que le législateur a faites du principe ne nous semblent pas satisfaisantes.

La loi de 1899 dispense en effet définitivement ou conditionnellement d'inscription au bulletin n° 3, certaines décisions judiciaires énumérées par l'article 7. Lorsque nous avons examiné en détail ces condamnations privilégiées, nous avons vu que toutes sont des décisions effacées par l'amendement ultérieur du condamné, ou prononcées contre des délinquants en somme excusables ou vraiment dignes d'intérêt. Nous trouvons donc équitable qu'on leur accorde cette faveur.

Malheureusement cet article 7 n'a pas une portée assez générale ; il ne prévoit que des hypothèses spéciales très restreintes, et encore, pour certaines d'entre elles, les dispenses d'inscription qu'il accorde ne sont même pas aussi larges que celles accordées par les circulaires antérieures.

C'est ainsi que les « condamnations effacées par la réhabilitation » et celles « prononcées à l'étranger » n'étaient pas inscrites, avant la loi, même sur les bulletins n° 2 délivrés aux administrations publiques. L'article 7 ne dispense ces condamnations que de l'inscription au bulletin n° 3. De plus il n'en dispense les condamnations prononcées à l'étranger qu'autant qu'elles l'ont été, *pour des faits non prévus par des lois françaises*. Nous avons déjà fait remarquer combien cette mesure était d'une application peu pratique ; nous lui adresserons ici une critique plus générale.

Il est en effet un principe admis en droit Pénal c'est qu'une condamnation prononcée par un tribunal étranger ne peut recevoir d'exécution en France. Or en inscrivant sur les extraits du Casier une condamnation quelle qu'elle soit, prononcée par une juridiction répressive étrangère on donne à cette condamnation une certaine publicité qui constitue en somme une mesure d'exécution, contraire au principe de la territorialité des condamnations pénales. Le législateur eût donc dû dispenser de toute inscription sur les extraits du Casier Judiciaire, toutes les décisions judiciaires prononcées à l'étranger. Cette décision eût été d'autant plus équitable que ces condamnations ne sont pas susceptibles d'être effacées par la réhabilitation.

Mais revenons à cet article ; nous lui reprochons donc de n'avoir pas une portée assez générale et de n'apporter à la publicité du bulletin n° 3 que des restrictions par trop exceptionnelles, constituant un bien faible remède aux dangers de cette publicité.

Nous devons ajouter d'ailleurs que la Commission extra-parlementaire avait essayé de prévoir d'une façon détaillée toute une catégorie de condamnations légères qui seraient exemptées de l'inscription au bulletin n° 3; mais devant les difficultés pratiques que s oulevait une pareille énumération, elle fut obligée de renoncer à son projet, et de se contenter d'énumérer les quelques cas spéciaux que nous retrouvons dans l'article 7, et qui constituent en somme de bien minimes exceptions à la règle de la publicité.

CHAPITRE IV

De la prescription conditionnelle du bulletin n° 3

Si les restrictions apportées à la sincérité du bulletin n° 3 par l'article 7 nous semblent admissibles, il n'en est plus de même de celles établies par l'article 8.

Le législateur a cru trouver une solution au problème du reclassement des libérés, en instituant pour certaines condamnations une *prescription* de l'inscription au bulletin n° 3, fondée sur une présomption d'amendement.

Cette conception nous semble absolument fausse et avant même d'en discuter les applications, nous contestons formellement l'utilité du principe de la prescription du bulletin n° 3.

En effet à quel moment est-ce que le Casier Judiciaire est un obstacle sérieux au reclassement du libéré ?

C'est à la sortie de prison. C'est à ce moment qu'il cherchera du travail, et que trop souvent il se le verra refuser par ce seul fait qu'il n'aura pu présenter ce certificat d'honorabilité légale qu'est l'extrait du Casier Judiciaire.

Or la prescription établie par l'article 8 ne vient au secours du libéré digne d'intérêt que très tard. C'est seulement cinq ans après l'expiration de la peine prononcée contre lui qu'il pourra présenter immaculé l'extrait de son Casier Judiciaire. Il est évident que si le libéré a dû se reclasser, ce reclassement, tout au moins le reclassement matériel, est opéré à cette époque. En admettant qu'il veuille changer d'emploi, il aura toujours, comme références, le certificat et les renseignements que fournira le patron qui l'a embauché à sa sortie de prison, et n'aura généralement pas à produire l'extrait de son Casier.

Au point de vue du reclassement moral, l'inutilité de la prescription de l'article 8 n'est peut-être pas aussi flagrante. En permettant au libéré de pouvoir présenter au bout d'un certain temps un Casier intact, la prescription lui permet en somme de se constituer une honorabilité de façade. Mais il faut remarquer que la prescription de l'inscription au Casier n'entraîne pas la disparition des incapacités, conséquences de la condamnation encourue. Or, quoique le libéré puisse produire l'extrait de son Casier on n'en remarquera pas moins ses abstentions aux élections, et la connaissance de la loi de 1899 ne fera que renforcer les soupçons planant de ce fait sur son honorabilité. On voit donc qu'à tous les points de vue, la prescription du bulletin n° 3 ne constitue pour le libéré qu'une bien faible ressource.

Si nous examinons maintenant les applications que la loi a faites du principe, nous voyons qu'elles ne sont pas très heureuses. Outre les difficultés d'interprétation dues à la rédaction défectueuse de l'article 8, difficultés que nous avons déjà exposées, l'œuvre du législateur est sujette à de nombreuses critiques.

Tout d'abord, il n'y a aucune règle générale dominant la sphère d'application de la prescription, aucun criterium sûr déterminant les condamnations susceptibles de bénéficier de la prescription du bulletin n° 3. La Commission extra-parlementaire avait bien admis que cette faveur serait réservée aux délinquants primaires, mais lors de la discussion du projet de loi au Sénat, M. Bérenger fit adopter un amendement au § 3 de l'article 8, qui vint détruire toute l'harmonie de cet article. Nous avons vu en effet que la dernière partie du § 3 fait bénéficier de la prescription de dix ans « *les condamnations multiples dont l'ensemble ne dépasse pas un an* ». M. Bérenger fondait son amendement sur des raisons d'équité. Il trouvait injuste qu'on fit bénéficier de la prescription de l'inscription au Casier une condamnation à 5 ans de réclusion par exemple, alors que deux condamnations à 3 mois de prison ne pourraient prétendre à cette faveur.

L'iniquité d'une telle différence nous semble très discutable ; car en somme la première condamnation encourue, quelque minime qu'elle soit, est un avertissement pour le délinquant, avertissement dont il n'est pas excusable de ne pas tenir compte. De plus, cette disposition de la loi accordant à des condamnations multiples le bénéfice de la prescription, conduit en pratique à des résultats peu satisfaisants. Prenons un exemple : un individu est condamné une première fois à une amende, puis à quinze jours de prison, ensuite à trois mois, enfin à six mois ; il pourra bénéficier de la prescription au bout de 10 ans, ayant à son actif quatre condamnations. Un autre individu au contraire a été condamné à 2 ans de prison. Après sa libération, il est resté cinq ans sans qu'on ait rien à lui reprocher, lorsqu'il se fait condamner à 50 fr. d'amende pour délit de chasse par exemple : il ne pourra jamais bénéficier de la prescription. Comme on le voit, l'amendement de M. Bérenger est loin de satisfaire l'équité, et l'honorable sénateur eût mieux fait de ne pas apporter au principe primitivement établi dans l'article 8 une exception aussi peu justiciable.

Le législateur n'a pas été non plus très heureux dans la classification qu'il a faite des condamnations prescriptibles, selon la durée des délais nécessaires à acquérir la prescription.

En effet le § 1 de l'article 8 fait bénéficier de la prescription annale les « condamnations uniques à moins de six jours de prison ou à une amende ne dépassant pas 25 francs, ou à ces deux peines réunies, *sauf le cas où ces condamnations entraîneraient une incapacité civile ou politique.* L'intention du législateur a certainement été de restreindre l'application de ce court délai d'un an aux condamnations légères n'entachant pas gravement l'honneur des délinquants. Devant la difficulté d'énumérer ces condamnations, il a cherché une expression concise qui pût comprendre toutes celles qu'il voulait exclure de cette mesure de faveur. Malheureusement, comme nous l'avons montré, toutes les condamnations à l'emprisonnement quel qu'en soit le taux entraînent au moins une incapacité (1) et il en est de même de beaucoup de condamnations à l'amende même ne dépassant pas 25 francs, ce qui fait que l'article 8 § 1 se trouve à peu près inapplicable.

D'ailleurs si l'on doit tenir compte, comme le pense M. le Garde des Sceaux (2), pour appliquer cette restriction portée au § 1 de l'article 8, de la situation particulière de chaque condamné, on arrive à des anomalies singulières : « Les étrangers ne pouvant encourir « une incapacité politique en France, y échapperont « presque toujours et seront ainsi plus favorisés que « nos nationaux. Il en sera de même des femmes ; et « telle condamnation qui disparaîtra, après le délai « légal, du bulletin n° 3 d'une femme, continuera de « figurer sur le bulletin d'un homme. Il faudra dis-

1. Incapacité d'être juré pendant cinq ans (L. 21 nov. 1872).

2. Projet de loi du 4 décembre 1899 tendant à modifier la loi du 5 août 1899.

« tinguer même, parmi les femmes, entre celles qui « sont commerçantes et celles qui ne le sont pas. Les « premières participent à l'élection des juges consu- « laires et peuvent perdre ce droit d'électorat par l'ef- « fet de certaines condamnations. La loi du 21 novem- « bre 1872 édicte, pour une catégorie, de condamnés, « l'exclusion temporaire de la liste du jury ; mais il « faut pour remplir les fonctions de juré être âgé de « 30 ans accomplis.

« Que décidera-t-on à l'égard des condamnés qui « n'ont pas atteint cet âge lorsqu'ils seront frappés par « la justice ? « Que décider d'autre part pour ceux qui « exercent des fonctions incompatibles avec celles de ju- « rés, ou qui ne peuvent être jurés parce qu'ils sont servi- « teurs à gages, ou parce qu'ils ne savent lire ou écrire ?

« Il est à craindre que les greffiers ne rencontrent « des difficultés inextricables, s'ils doivent dans cha- « que cas particulier, vérifier la situation spéciale du « condamné, prendre en considération sa nationalité, « son sexe, son âge... etc.. ».

Monsieur le Garde des Sceaux, auquel nous empruntons l'exposé de ces inconvénients, a d'ailleurs proposé pour y remédier, de supprimer la restriction résultant de l'alinéa final du § 1 de l'article 8, et d'accorder la prescription, au bout de deux ans, à toutes les condamnations énumérées par ce §, sans distinguer si elles entraînent ou non des incapacités.

Nous devons également signaler dans l'énumération

des décisions judiciaires susceptibles de prescription, une lacune regretable. L'article 8 ne cite que des condamnations pénales ; ce qui exclue par conséquent de la mesure de faveur qu'il édicte, les déclarations de faillite, et les décisions disciplinaires mentionnées au casier. C'est là une omission peu équitable ; car le failli quoique n'ayant obtenu ni l'excusabilité ni l'homologation du concordat, ou même l'officier ministériel destitué (dans le cas de bonne conduite ultérieure), nous semblent dignes d'intérêt, au même titre que le libéré.

On a aussi fait à la prescription du bulletin n° 3 une critique d'un ordre plus général, au sujet du caractère, conditionnel qui résulte pour elle de la combinaison de l'article 9 avec l'article 8.

« Il est de principe », a-t-on dit, « que le bénéfice « d'une prescription acquise ne peut être enlevé à l'in- « téressé. La loi.... fait échec aux règles de la prescrip- « tion qui est d'ordre public en droit criminel. (1) »

Cette critique nous paraît déplacée. Car la loi n'a pas prononcé le mot de « *prescription* ». On trouve, il est vrai ce terme dans les travaux préparatoires ; mais ce n'est là, croyons-nous, qu'une expression usuelle dont la brièveté a paru commode au législateur (comme à nous-même) pour désigner la suppression de l'inscription au bulletin n° 3 prévue par l'article 8. D'ailleurs

1 ouvenet. *Le Casier Judiciaire*, (Th).

pour admettre que l'application de l'article 8 constitue une véritable prescription pénale, il faut admettre que l'inscription au Casier Judiciaire est une peine. Or il est certain que le législateur de 1899 n'a pas entendu poser ce principe. Nous croyons donc qu'il ne faut voir dans les dispositions de l'article 8 qu'une péremption accordée à certaines mentions du bulletin n° 3 après un délai d'épreuve ; et aucun principe de droit criminel ne s'oppose, selon nous, à ce que cette péremption soit conditionnelle.

Mais cette discussion nous suggère au sujet de la combinaison de l'article 9 avec l'article 8 une autre critique. En effet aux termes de l'article 8 (sauf le cas du § 3 *in fine*) une deuxième condamnation intervenant avant l'expiration des délais nécessaires à la prescription empêche l'acquisition de cette prescription, sans qu'il y ait lieu de distinguer entre les condamnations à l'amende et les condamnations à des peines corporelles. Au contraire, aux termes de l'article 9, une deuxième condamnation, intervenant postérieurement à l'acquisition de la prescription, n'en fait perdre le bénéfice qu'autant qu'elle prononce « une peine autre que l'amende ». Outre le manque d'harmonie qui résulte de cette distinction faite par la loi, il nous semble peu rationnel qu'une condamnation en somme minime produise des effets si différents selon qu'elle intervient un peu plus tôt ou un peu plus tard.

Il nous reste une dernière critique à adresser au législateur, celle-là d'ordre purement matériel. Les articles 8 et 9 nous ont semblé d'une application pratique aussi délicate que compliquée. Les renseignements qu'ont bien voulu nous fournir les personnes chargées d'appliquer la loi n'ont fait que corroborer notre opinion, sur ce point.

CHAPITRE V

Critique de la réhabilitation de droit.

C'est à l'initiative de M. le Sénateur Bérenger qu'on doit l'adoption dans la loi sur le Casier Judiciaire d'un article établissant la réhabilitation de droit. Dans l'esprit de l'honorable sénateur, cette réhabilitation opérant, si l'on peut ainsi s'exprimer, automatiquement, était destinée à remédier aux inconvénients de la publicité de la procédure de réhabilitation, établie par le Code d'Instruction Criminelle. Lors des délibérations au Sénat. M. Bérenger montra avec preuves à l'appui, combien les enquêtes prescrites par le Code d'Instruction Criminelle et la loi de 1885 étaient gênantes pour le libéré, et comment cette publicité empêchait beaucoup de libérés dont la condamnation était restée ignorée, de demander la réhabilitation.

Il est certain que la procédure de la réhabilitation criminelle n'est pas exempte des reproches que lui a faits M. Bérenger. Malheureusement le remède proposé, et adopté par le législateur de 1899 nous semble à un autre point de vue plus dangereux que le mal.

La réhabilitation de droit, en effet, telle qu'elle est réglée par l'article 10 nous paraît manquer absolument de garanties. Désormais il suffira pour qu'un libéré obtienne sa réhabilitation, c'est-à-dire la restitution de tous les droits civils et politiques dont il a été déchu par suite de la condamnation encourue, qu'il reste un certain temps sans encourir une nouvelle condamnation. Une condamnation à l'amende même, si elle intervient après l'expiration des délais de prescription de l'inscription au Casier, ne lui fait pas perdre le droit à la réhabilitation.

C'est bien là une réhabilitation fondée sur une « *présomption* » d'amendement. Mais il est facile de montrer combien faible est cette présomption. En effet le libéré après l'expiration de sa peine, a pu aller vivre à l'étranger et y commettre de nouveaux méfaits. Revenu en France, il pourra, à l'expiration des délais nécessaires, faire constater sa réhabilitation. Et les condamnations encourues à l'étranger, en admettant qu'elles soient connues, ne pourront aucunement lui enlever ce droit ; car les condamnations pénales prononcées à l'étranger ne peuvent avoir aucun effet en France, c'est là un des principes fondamentaux de notre législation.

En admettant même que le libéré soit resté en France et n'y ait encouru aucune condamnation, sa conduite peut n'avoir justifié en rien la faveur de la réhabilitation. Depuis sa sortie de prison, il a pu, tournant habilement autour du Code Pénal, vivre de spéculations louches ou du fruit de la prostitution. Nous ne croyons pas que dans ce cas il soit contraire à la justice non plus qu'à l'intérêt social de lui refuser la restitution des droits civils et politiques que lui a fait perdre une première condamnation. Et cependant depuis la loi de 1899, ce refus n'est plus possible.

On a dit, il est vrai, en faveur de la réhabilitation de droit, que la loi du 26 mars 1891, en effaçant au bout de 5 ans la condamnation, prononcée avec sursis et non suivie d'une nouvelle condamnation, établissait au bout d'un délai plus court une réhabilitation fondée sur les mêmes présomptions d'amendement que la réhabilitation de droit. Ce rapprochement ne nous paraît pas absolument juste : En effet la réhabilitation spéciale créée par la loi de 1891 ne s'applique qu'à des condamnations à l'amende ou à l'emprisonnement prononcées contre des délinquants primaires, dont la moralité appréciée par le juge au moment où il prononce la condamnation permet d'escompter l'amendement définitif. La réhabilitation de droit au contraire s'applique à toutes les condamnations uniques quelles qu'elles soient, et même dans certains cas à des condamnations multiples. De plus la détermination des cas où intervient cette faveur se trouve faite *a priori* par le législateur sans qu'il soit possible de tenir compte de la moralité et du degré d'amendement réel du condamné.

Telles sont les critiques générales que l'on peut adresser à la réhabilitation de droit.

Ajoutons qu'au point de vue de l'application pratique, l'article 10 présente les mêmes difficultés que l'article 8 dont il est le corollaire.

VI

LOI DU 5 AOÛT 1899,

sur le casier judiciaire et sur la réhabilitation de droit.

ART. 1er. — Le greffe de chaque tribunal de première instance reçoit, en ce qui concerne les personnes nées dans la circonscription du tribunal et après vérification de leur identité aux registres de l'état civil, des bulletins, dits *bulletins n° 1*, constatant :

1° Les condamnations contradictoires ou par contumace et les condamnations par défaut non frappées d'opposition prononcées, pour crime ou délit, par toute juridiction répressive ;

2° Les décisions prononcées par application de l'article 66 du Code pénal ;

3° Les décisions disciplinaires prononcées par l'autorité judiciaire ou par une autorité administrative, lorsqu'elles entraînent ou édictent des incapacités ;

4° Les jugements déclaratifs de faillite ou de liquidation judiciaire ;

5° Les arrêtés d'expulsion pris contre les étrangers.

Art. 2. — Il est fait mention, sur les bulletins n° 1, des grâces, commutations ou réductions de peines, des décisions qui suspendent l'exécution d'une première condamnation, des arrêtés de mise en libération conditionnelle et de révocation, des *réhabilitations* et des jugements relevant de la relégation, conformément à l'article 16 de la loi du 27 mai 1885, et des décisions qui rapportent les arrêtés d'expulsion, ainsi que la date de l'expiration de la peine et du payement de l'amende.

Sont retirés du casier judiciaire : les bulletins n° 1 relatifs à des condamnations effacées par *une amnistie*, ou réformées en conformité d'une décision de rectification du casier judiciaire.

Art. 3. — Le casier judiciaire central, institué au Ministre de la Justice, reçoit les bulletins n° 1, concernant les personnes nées à l'étranger, dans les colonies, ou dont l'acte de naissance n'est pas retrouvé.

Art. 4. — Le relevé intégral des bulletins n° 1 applicables à la même personne est porté sur un bulletin appelé *bulletin n° 2*.

Il est délivré aux magistrats du parquet et de l'instruction, aux autorités militaires et maritimes pour les appelés des classes et de l'inscription maritime, ainsi que pour les jeunes gens qui demandent à contracter un engagement.

Il l'est également aux administrations publiques de l'Etat, saisies de demandes d'emplois publics, ou en vue de poursuites disciplinaires ou de l'ouverture d'une école privée, conformément à la loi du 30 octobre 1886.

Les bulletins n° 2 réclamés par les administrations publiques de l'État, pour l'exercice des droits politiques, ne comprennent que les décisions entraînant des incapacités prévues par les lois relatives à l'exercice des droits politiques.

Lorsqu'il n'existe pas de bulletins n° 1 au casier judiciaire, le bulletin n° 2 porte la mention : *Néant*.

Art. 5. — En cas de condamnation, faillite, liquidation judiciaire ou destitution d'un office ministériel prononcée contre un individu soumis à l'obligation du service militaire ou maritime, il en est donné connaissance aux autorités militaires ou maritimes par l'envoi d'un duplicata du bulletin n° 1.

Un duplicata de chaque bulletin n° 1, constatant une décision entraînant la privation des droits électoraux, est adressé à l'autorité administrative du domicile de tout Français ou de tout étranger naturalisé.

Art. 6. — Un *bulletin n° 3* peut être réclamé par la personne qu'il concerne. Il ne peut, dans aucun cas, être délivré à un tiers.

Art. 7. — Ne sont pas inscrites au bulletin n° 3 :

1° Les décisions prononcées par application de l'article 66 du Code pénal ;

2° Les condamnations effacées par la réhabilitation ou par l'application de l'article 4 de la loi du 26 mars 1891, sur l'atténuation et l'aggravation des peines ;

3° Les condamnations prononcées en pays étranger pour des faits non prévus par les lois pénales françaises ;

4° Les condamnations pour délits prévus par les lois sur la presse, à l'exception de celles qui ont été prononcées pour diffamation ou pour outrages aux bonnes mœurs, ou en vertu des articles 23, 24 et 25 de la loi du 29 juillet 1881 ;

5° Une première condamnation à un emprisonnement de

trois mois ou de moins de trois mois prononcée par application des articles 67, 68 et 69 du Code pénal;

6° La condamnation avec sursis à un mois ou moins d'un mois d'emprisonnement, avec ou sans amende ;

7° Les déclarations de faillite, si le failli a été déclaré excusable par le tribunal ou a obtenu un concordat homologué, et les déclarations de liquidation judiciaire.

Art. 8. — Cessent d'être inscrites au bulletin n° 2 délivré au simple particulier :

1° Un an après l'expiration de la peine corporelle, ou le payement de l'amende, la condamnation unique à moins de six jours de prison ou à une amende ne dépassant pas 25 fr., ou à ces deux peines réunies, sauf le cas où ces condamnations entraîneraient une incapacité civile ou politique ;

2° Cinq ans après l'expiration de la peine corporelle ou le payement de l'amende, la condamnation unique à six mois ou moins de six mois de prison ou à une amende, ainsi qu'à ces deux peines réunies ;

3° Dix ans après l'expiration de la peine, la condamnation unique à une peine de deux ans ou moins de deux ans ou les condamnations multiples dont l'ensemble ne dépasse pas un an ;

4° Quinze ans après l'expiration de la peine, la condamnation unique supérieure à deux ans de prison.

Le tout sans qu'il soit dérogé à l'article 4 de la loi du 26 mars 1891, sur l'atténuation et l'aggravation des peines.

Dans le cas où une peine corporelle et celle de l'amende auront été prononcées cumulativement, les différents délais prescrits par le présent article commenceront à courir à partir du jour où ces deux peines auront été complètement exécutées.

La remise totale ou partielle, par voie de grâce, de l'une ou de l'autre de ces peines équivaudra à leur exécution totale ou partielle.

L'exécution de la contrainte par corps équivaudra au payement de l'amende.

ART. 9. — En cas de condamnation ultérieure pour crime ou délit, à une peine autre que l'amende, le bulletin n° 3 reproduit intégralement les bulletins n° 1, à l'exception des cas prévus, par les paragraphes 1, 2, 3, 4 de l'article 7.

ART. 10. — Lorsqu'il se sera écoulé dix ans, dans le cas prévu par l'article 8, 1° et 2°, sans que le condamné ait subi de nouvelles condamnations à une peine autre que l'amende, la réhabilitation lui sera acquise de plein droit.

Le délai sera de quinze ans dans le cas prévu par l'article 8, 3°, et de vingt ans, dans le cas prévu par l'article 8, 4°.

En cas de contestation sur la réhabilitation, le demandeur pourra s'adresser au tribunal du lieu de son domicile, dans les formes et suivant la procédure prescrites à l'article 14. Le jugement rendu sera susceptible d'appel et de pourvoi en cassation.

ART. 11. — Quiconque, en prenant le nom d'un tiers, aura déterminé l'inscription au casier de ce tiers d'une condamnation, sera puni de six mois à cinq ans d'emprisonnement, sans préjudice des poursuites à exercer pour le crime de faux, s'il y échet.

Sera puni de la même peine celui qui, par de fausses déclarations relatives à l'état civil d'un inculpé, aura sciemment été la cause de l'inscription d'une condamnation sur le casier judiciaire d'un autre que cet inculpé.

Quiconque, en prenant un faux nom ou une fausse qualité, se fera délivrer le bulletin n° 3 d un tiers sera puni d'un mois à un an d'emprisonnement.

L'article 463 du Code pénal sera dans tous les cas applicable.

ART. 12. — L'étranger n'aura droit aux dispenses d'inscription sur le bulletin n° 2 que si, dans son pays d'origine, une loi ou un traité réserve aux condamnés français des avantages analogues.

ART. 13. — Un règlement d'administration publique déterminera les mesures nécessaires à l'exécution de la présente loi et, notamment, les conditions dans lesquelles doivent être demandés, établis et délivré les bulletins n°s 2, 3, les droits alloués au greffier, ainsi que les conditions d'application de la présente loi aux colonies et aux pays de protectorat.

ART. 14. — Celui qui voudra faire rectifier une mention portée à son casier judiciaire présentera une requête au président du Tribunal ou de la Cour qui aura rendu la décision.

Le président communiquera la requête au ministère public et commettra un juge pour faire le rapport.

Le Tribunal ou la Cour statuera en audience publique, sur le rapport du juge et les conclusions du ministère public.

Le Tribunal ou la Cour pourra ordonner d'assigner la personne objet de la condamnation.

Dans le cas où la requête est rejetée, le requérant sera condamné aux frais.

Si la requête est admise, les frais seront supportés par

celui qui aura été la cause de l'inscription reconnue erronée, s'il a été appelé dans l'instance.

Le ministère public aura le droit d'agir d'office dans la même forme en rectification du casier judiciaire.

Mention de la décision rendue sera faite en marge du jugement ou de l'arrêt visé par la demande en rectification.

Ces actes, jugements et arrêts seront dispensés de timbre et enregistrés gratis.

CONCLUSION

Un coup d'œil d'ensemble jeté sur la loi de 1899, nous montre qu'elle n'a apporté que des remèdes bien insuffisants aux graves inconvénients de la publicité et de la perpétuité du Casier Judiciaire.

Le législateur a bien cherché à restreindre la publicité du Casier Judiciaire, en exemptant de l'inscription sur les bulletins destinés aux particuliers, certaines condamnations de peu d'importance. Mais nous avons vu que ces dispenses d'inscriptions ne visent que des cas exceptionnels et manquent par suite de portée générale. Sans doute les restrictions apportées à la perpétuité, aussi bien qu'à la publicité, par la prescription conditionnelle et la réhabilitation de droit, échappent à cette critique. Mais, nous croyons l'avoir démontré, ces deux mesures interviennent trop tard pour exercer une réelle influence sur le reclassement du libéré et constituent en outre un danger sérieux pour la sécurité publique.

Le législateur ne nous, paraît donc pas avoir atteint son but, et pour nous la question de la réforme du Casier judiciaire reste entière.

Nous ne croyons cependant pas à l'impossibilité d'une réforme. Mais étant donné l'opposition des intérêts en présence, il semble bien difficile de donner à ce grave problème pénal et social une solution radicale :

La clandestinité absolue du Casier Judiciaire, dont M. Bérenger s'est montré partisan convaincu, présente d'une part un danger sérieux pour la sécurité publique. D'autre part on ne peut nier que dans certains cas la publicité constitue un obstacle regrettable à l'amendement difinitif du libéré. Il faudra donc teujours en arriver à une conciliation de ces deux principes opposés. Mais si lelégislateur de 1899 a échoué dans cette tentative, n'est-ce pas parce que cette conciliation rentre plutôt dans le domaine du juge?

Parmi les délinquants il en est, en effet, qui sont rebelles à tout amendement, tandis que d'autres au contraire, pour peu qu'on les y aide, sont susceptibles d'un retour au bien. C'est pour les seconds seulement que doit se poser, selon nous, la question de la publicité ou non, du Casier.

Or ce n'est pas tant la qualification juridique de l'infraction commise et le taux de la condamnation encourue, que l'appréciation toute psychologique des circonstances de fait concomitantes au délit et de la moralité du délinquant, qui peut permettre de distinguer si tel condamné est ou non susceptible d'amendement.

Ce n'est donc pas le législateur qui doit déterminer

a priori les cas où il y a lieu, pour favoriser le reclassement, de tenir secrète la faute commise.

Cette appréciation toute individuelle et subjective ne peut raisonnablement être faite que par le juge ou l'administration pénitentiaire.

C'est en partant de ce principe que nous essaierons d'esquisser un plan de réforme :

Notre maître, M. Léveillé a émis, cette opinion que l'inscription au casier judiciaire constitue une peine.

Nous ne reviendrons pas ici, sur cette théorie juridique que nous avons déjà exposée, ni sur les discussions auxquelles elle a donné lieu. Nous formulons seulement cette opinion : qu'il n'est contraire à aucun principe juridique, que l'autorité législative fasse de l'inscription au casier judiciaire une peine, et que dans cette innovation se trouverait la solution du problème cherché.

En effet, l'inscription au Casier judiciaire devenant une peine, le législateur pourrait donner au juge le droit de prononcer dans certains cas la dispense conditionnelle de cette peine, comme il lui a déjà permis de prononcer la dispense conditionnelle de l'exécution de certaines peines corporelles, (L. 26 mars 1891). Et nous croyons que dans bien des cas cette dispense de l'inscription au Casier serait plus profitable au condamné que la dispense de l'exécution de la peine corporelle. Nous admettrions que cette faveur pût être accordée pour toutes les condamnations à l'amende ou à une peine corporelle n'excédant pas un an, prononcées contre des délinquants primaires et qu'elle ne serait susceptible de disparaître que par la survenance d'une deuxième condamnation.

Pour les condamnations à des peines supérieures à un an, prononcées également contre des délinquants primaires, nous proposerions, nous inspirant des idées de M. Léveillé, d'accorder à l'autorité ministérielle le droit de prononcer la suspension conditionnelle de l'inscription au Casier, d'après le système établi pour la libération conditionnelle par la loi du 14 août 1885. En effet, pour les condamnés à des peines supérieures à un an, la durée de leur séjour dans les établissements pénitentiaires permet à l'administration d'apprécier assez exactement les garanties que peut présenter leur moralité, et les chances d'amendement qu'on est en droit d'escompter.

Ces dispenses conditionnelles, prononcées pour cinq ans, permettraient aux libérés dignes d'intérêt d'attendre, sans avoir à souffrir de la publicité du casier, le moment où ils peuvent demander la réhabilitation.

Quant aux inconvénients résultant de la publicité de cette dernière institution, il ne nous semble pas impossible d'y remédier. Il suffirait pour cela croyons-nous, de remplacer les trois enquêtes prescrites par la loi de 1885 par une seule, faite intelligemment et discrètement par le Parquet lui-même.

Telles sont les réformes qui nous semblent susceptibles d'atténuer les inconvénients du Casier Judiciaire sans présenter de trop grands dangers pour la sécurité publique.

Vu : le Président de la thèse,
LÉVEILLÉ

Vu : le Doyen,
GLASSON

Vu et permis d'imprimer :
Le Vice-Recteur de l'Académie de Paris,
GRÉARD.

Jouve et Boyer, imprimeurs, 15, rue Racine, Paris.

www.ingramcontent.com/pod-product-compliance
Ingram Content Group UK Ltd.
Pitfield, Milton Keynes, MK11 3LW, UK
UKHW020150220726
13923UKWH00001B/459